现代学生管理的科学与艺术探究

管祥兵　著

汕頭大學出版社

图书在版编目（CIP）数据

现代学生管理的科学与艺术探究 / 管祥兵著.

汕头：汕头大学出版社，2024.10. -- ISBN 978-7
-5658-5422-4

Ⅰ．G645.5

中国国家版本馆 CIP 数据核字第 2024ZZ6813 号

现代学生管理的科学与艺术探究

XIANDAI XUESHENG GUANLI DE KEXUE YU YISHU TANJIU

作　　者：管祥兵

责任编辑：郑舜钦

责任技编：黄东生

封面设计：李　静

出版发行：汕头大学出版社

　　　　　广东省汕头市大学路 243 号汕头大学校园内　邮政编码：515063

电　　话：0754-82904613

印　　刷：廊坊市海涛印刷有限公司

开　　本：710mm×1000mm　1/16

印　　张：11

字　　数：200 千字

版　　次：2024 年 10 月第 1 版

印　　次：2025 年 1 月第 1 次印刷

定　　价：58.00 元

ISBN 978-7-5658-5422-4

随着时代的发展，学生管理已经从传统的规章制度管理逐步转向更为多元化、科学化的管理。当前，高校越来越重视学生的全面发展，在注重学术能力培养的同时，还更加关注心理健康、职业规划等方面的支持。在这种背景下，学生管理成为一个复杂而系统的工作，涉及从日常事务到思想教育，再到职业生涯发展的多个维度。传统的管理模式已无法完全适应当前学生的需求，面对日益变化的社会环境和技术进步，学生管理的理论和实践都需要不断更新和完善。因此，系统审视学生管理的基础理论，对现代学生管理的科学与艺术进行探究，成为教育工作者和研究者共同关注的方面。

本书从学生管理的基础理论入手，首先，对学生管理的内涵、指导思想和理论基础进行深入解析，梳理学生管理在当代的转型方向。其次，围绕学生管理的实际内容展开，涵盖日常事务管理、教育管理、教学内容管理以及就业管理等多个方面。在此基础上，进一步探讨学生管理模式的构建，既分析传统模式的优缺点，也提出新型模式的创新路径。书中还特别强调学生管理中的艺术实践，探讨沟通、领导力、激励机制等实际操作中的关键技能。最后，展望学生管理的现代发展趋势，探讨互联网与新媒体背景下的创新实践，提出教育、管理与服务一体化发展的未来愿景。

学生管理的有效性直接影响学生的成长与未来，本书不仅是对学生管理理论的深入解读，也是对实践操作的指导。希望通过本书的研究，能够为高校及各类教育机构提供更具操作性和前瞻性的管理思路。尽管本书在写作过程中力求全面与严谨，但限于个人见识与能力，书中仍可能存在不足之处，恳请读者批评指正。期待本书能够为学生管理的研究和实践贡献一份力量，同时也希望它能启发更多关于学生管理的思考与探索。

目录

第四章　学生管理技能的艺术实践

第五章　学生管理的现代发展趋势

第六章　学生管理的创新实践探究

第一章　学生管理的基础理论审视

第一节　学生管理的内涵解读

一、学生管理的本质

第一，学生管理的社会组织特定性。学生管理所依托的社会组织具有特定性，即高校。在任何社会组织中，协调组织成员之间的相互关系和个人活动是管理活动的基本要求。所有管理活动都必须在特定的社会组织中进行。高校作为一种特定的社会组织，其主要任务是系统地培养专门人才，核心任务是教育和培养学生。因此，学生管理是高校的一种特殊管理活动，其根本目的是实现高校的教育任务。

第二，学生管理的目标与高校任务的一致性。学生管理的目标与高校的任务紧密契合，旨在培养高素质人才，促进学生的全面发展。管理活动的根本目的在于实现社会组织的预定目标，而管理活动则是实现这些目标的必要手段。不存在无目标的管理活动，也不可能有无须管理就能实现的目标。作为高校人才培养工作的重要组成部分，学生管理的目标与学校在人才培养方面的整体目标相统一，旨在培养具备创新精神和实践能力的全面发展的人才，最终为中国特色社会主义事业的发展作出贡献。

第三，学生管理的本质在于资源配置与学生指导服务。学生管理的本质在于合理配置学校的各种资源，并通过科学的决策、计划、组织和控制等管理手段，有效利用人力、物力、财力、时间和信息等资源，指导和服务学生的成长与成才。学生管理的核心任务主要包括三个方面：一是引导学生的行为与群体发展；二是资助家庭经济困难的学生；三是提供就业服务，帮助毕业生顺利就业等。

二、学生管理的特点

（一）价值导向鲜明

学生管理作为教育体系中的重要组成部分，其根本目标是通过多样化的管理措施引导学生的价值取向，从而塑造其健康的思想观念和行为模式。在现代教育理念中，价值导向不仅仅是学生管理的附属内容，更是其核心原则。价值导向鲜明的学生管理，主要体现在三个方面：价值观的引导、行为规范的设定和人格发展的促进。

第一，价值观的引导是学生管理中的首要任务。在学生成长的关键阶段，正值其价值观形成的敏感期，学校通过管理机制的设计和实施，可以在很大程度上影响学生的价值观念，这种价值引导通常通过日常行为规范、校规校纪、课堂教育以及社会实践等多种途径实现。例如，学校通过明确的校规，规范学生的言行举止，灌输诚实守信、尊重他人、合作共赢等核心价值观。同时，通过开展各种形式的主题教育活动，如道德讲座、志愿服务、社会实践等，使学生在实际行动中体验和内化这些价值观念，从而达到培养健全人格的目的。

第二，行为规范的设定是学生管理中价值导向的重要体现。通过科学合理的管理制度，学校不仅可以确保教育教学活动的顺利开展，还可以对学生的日常行为进行有效的规范和约束。行为规范的设定应当充分考虑学生的身心发展特点，既要具有一定的约束力，又要尊重学生的个性发展。学校通过制定和执行一系列行为准则，如考勤制度、考试纪律、课堂规则等，帮助学生树立规则意识和自律意识。这种规范不仅限于学生的学业行为，还包括其日常生活中的各种表现，如卫生习惯、社交礼仪、环境保护意识等。通过长期的规范管理，学生逐渐形成自我约束和自我管理的能力，进而培养起良好的行为习惯和社会责任感。

第三，价值导向鲜明的学生管理应当注重人格发展的促进。教育的终极目标是培养全面发展的人，而人格的健康发展是学生未来能够融入社会、实现个人价值的重要基础。在学生管理中，学校应当关注学生的心理健康、情感发展以及社会适应能力的培养。通过心理辅导、班级活动、团队合作等多种方式，帮助学生增强自信心、培养责任感、提高人际交往能力。此外，学校还应当重视个体差异，为不同性格、不同背景的学生提供个性化的支持和帮助，促进他们在共同体中获得归属感和自我认同。

（二）教育功能突出

在现代教育体系中，学生管理不仅是维持校园秩序和保障教育活动顺利进行的基础性工作，更是具有深刻教育意义的重要环节。教育功能的突出体现了学生管理的内涵和外延，使其在促进学生全面发展、提升教育质量方面发挥着不可替代的作用。教育功能的突出主要体现在以下方面：

第一，知识传递与价值引导是学生管理教育功能的基本体现。学生管理工作不仅仅是对学生进行纪律约束，更是在管理过程中融入了对学生知识的传递与价值观的引导。在日常管理中，学校通过各种形式的活动，如班会、讲座、讨论会等，将知识教育和价值引导有机结合起来。通过这些活动，学生不仅能够巩固课堂所学知识，还能够在潜移默化中接受价值观的熏陶。例如，学校通过组织爱国主义教育、传统文化教育等活动，使学生在理解历史和文化的基础上，树立正确的世界观、人生观和价值观，从而培养他们的社会责任感和历史使命感。

第二，能力培养与行为规范是学生管理教育功能的核心内容。学生管理不仅关注学生的学业表现，更重视其综合能力的培养与行为习惯的养成。在这一过程中，学校通过一系列管理措施，帮助学生提高自主学习能力、团队协作能力和创新能力。例如，学校通过设立学生自治组织、开展团队合作项目、举办科技创新大赛等活动，培养学生的领导力、组织能力和创新思维。此外，行为规范作为学生管理的重要内容，既是对学生行为的约束，也是对其品德的塑造。通过严格的管理制度和日常行为规范的执行，学生逐渐养成遵守规则、自我约束的行为习惯，从而在学习和生活中展现出良好的道德品质和社会责任感。

第三，个性发展与心理健康是学生管理教育功能的延伸与升华。现代教育理念强调"以人为本"，关注每个学生的个性发展和心理健康。因此，学生管理工作不仅要规范学生的行为，更要关注其心理状态和情感需求。学校通过心理健康教育、个别辅导、兴趣活动等多种方式，帮助学生树立积极的生活态度，增强自我认同感和抗压能力。在此过程中，学校应当尊重学生的个体差异，为每个学生提供适合其发展的教育资源和支持，帮助他们在校期间获得最大程度的自我实现。此外，学校还应当建立完善的心理健康支持体系，及时发现和干预学生的心理问题，确保其在健康的心理状态下成长。

（三）管理具有特殊性

学生管理传统上是经验性的事务型工作，而学生管理对象和内在规律的特殊性及其特有的方法体系逐渐被认识，决定了必须形成高校学生管理专业视角、使用专业方法、形成专业研究模式。现在的高校学生管理工作专业性极强。

1. 内在规律特殊

学生管理自身具有特殊的矛盾，就是以社会对专门人才的需要为参照标准，对学生的行为要求与学生实际行为情况之间有矛盾，这一矛盾存在于一切学生管理活动，存在于一切学生管理过程，是学生管理全局的决定因素，这一矛盾既是学生管理的基本矛盾，又是学生管理的特殊矛盾，使之与其他社会实践活动有所区别。为解决这一矛盾而开展的特殊社会实践活动就是学生管理。高校管理具有管理和教育的双属性，所以，学生管理既要遵循管理的一般规律，还要不同于其他管理活动。既要遵循教育的一般规律，也要区别于其他教育活动，这就需要专门探索和研究学生管理的特殊规律。揭示这种规律也是高校学生管理理论研究的任务。

2. 管理对象特殊

学生群体，作为一个独特的社会群体，不仅具有年龄、知识层次等方面的共性，更具有鲜明的个体差异和心理特征。正是这种群体的多样性和发展阶段的特殊性，使得学生管理工作与其他社会管理工作相比，呈现出明显的差异性和复杂性。

（1）学生管理的特殊性体现在学生的年龄阶段和发展任务上。学生正处于人生发展的关键阶段，他们的世界观、人生观和价值观正在逐步形成，这使得他们的思想和行为易受外界影响。在这一过程中，学生通常表现出对新事物的强烈好奇心和探究欲望，同时伴随着自主意识的增强和叛逆心理的出现。学校需要充分认识到这一特点，在管理过程中，既要尊重学生的个体发展需求，给予他们探索和表达自我的空间，又要通过适当的引导，帮助他们树立正确的价值观和行为规范。

（2）学生群体在心理和情感发展上具有独特的需求。处于成长阶段的学生，心理发展尚未完全成熟，情绪波动较大，容易受到挫折的影响。在这种情况下，教师需要具备敏锐的观察力和同理心，能够及时识别和应对学生的心理变化。同时，学生的社会适应能力也在逐步形成，他们在与同伴、教师及家庭的互动中逐渐学习如何处理人际关系。针对这一特点，学生管理工作不仅要关注学生的学业表现，还应注重培养他们的社交技能和情感管理能力，帮助他们更好地适应学校生活和未来的社会生活。

（3）学生的个体差异也是学生管理特殊性的一个重要方面。学生群体内部存在显著的个体差异，这些差异可能表现在学业能力、兴趣爱好、家庭背景、文化认同等多个方面。学校在实施管理时，应根据学生的个性特点和具体需求，采取因材施教的管理策略。例如，对于学业优秀但性格内向的学生，教师可以通过鼓励他们参与集体活动，增强他们的沟通能力和自信心；对于学业困难但兴趣广泛的学生，教师则可以通过引导他们在兴趣领域中找到自我价值，进而激发他们的学习动力。

3. 方法体系特殊

学生管理的特殊性不仅体现在管理对象的独特性上，还表现在其方法体系的特殊性上。与其他类型的管理相比，学生管理的目标并不仅仅是维持秩序或实现某种特定的任务，更重要的是通过管理实现教育目标，即促进学生的全面发展。因此，学生管理的方法体系不仅要具有管理的规范性，还要具备教育的导向性和人文关怀的特点。

（1）学生管理的方法体系具有明显的教育功能，这意味着管理措施不仅是为了达到特定的管理效果，更是为了培养学生的良好品德和行为习惯。例如，学校在处理学生违纪行为时，不仅要强调纪律的严肃性，还要注重教育的过程，通过适当的教育手段，使学生认识到自己行为的错误之处，并从中吸取教训，这样的管理方法能够有效地促进学生的自我反思和成长，从而实现管理与教育的双重目标。

（2）学生管理的方法体系需要注重人文关怀。学生作为成长中的个体，既有学习和生活的需求，也有心理和情感的需求。因此，在制定和实施管理措施时，必须充分考虑学生的身心发展特点，关注他们的心理健康和情感需求。例如，在面对学生的学业压力或情感困惑时，应及时提供心理辅导和支持，帮助学生缓解压力、调整心态。这种以人为本的管理方式，不仅有助于学生的健康成长，也能够增强管理工作的效果和学生对管理的认同感。

（3）学生管理的方法体系还需要具备灵活性和适应性。学生群体的多样性和发展阶段的特殊性决定了管理方法不能过于僵化，而应根据具体情况进行调整。例如，针对不同年级、不同背景的学生，应采取不同的管理策略，以满足他们的个性化需求。对于初入学的新生，可以采用较为严格的管理方式，以帮助他们尽快适应校园生活；而对于即将毕业的高年级学生，则可以更多地给予他们自主权，以锻炼他们的自我管理能力和社会适应能力。这种灵活的管理方法能够更好地适应学生的成长需求，促进他们的全面发展。

三、学生管理的原则

（一）自主性原则

学生只有自主参与并配合管理，教师的管理工作才能够顺利完成，"所谓的坚持自主性选择实质上是指让大学生切切实实地参与到管理中去，不断激发学生的主观能动性并且培养学生的创新能力，最终实现自主管理"[①]。

学生管理遵循自主性原则，是由两方面决定的：一方面有利于育人目标的实现。管理的目标是育人，这就要求将外在的行为规范转化为内在的思想观念，从而支配管理对象的行为。学生如果不能够参与到其中，就很难充分发挥主观能动性，学生管理工作就很难继续开展，实效性会降低。另一方面有利于满足学生自主管理的现实需求。改革开放 40 多年来，我国经济快速发展，人们的生活水平不断提高，社会制度日益完善，教育改革和教育管理已经成为当今热议的话题。现代化社会伴随着各类信息的高效传达，大多数高校在读学生已经受到了传统市场经济的影响，在日常的学习生活中，自主管理意识不断增强，个人管理能力不断提升。对于高校而言，坚持自主性原则可以从以下方面着手：

第一，为学生创造全新的管理平台，此管理平台可以由班长、学习委员、团支书、辅导员共同携手打造，为学生营造良好的管理氛围，不仅可以幅增强班级凝聚力，还可以充分调动学生管理的积极性，这种全新的管理模式可以使学生切实地参与其中，进而达到预期的管理效果，让学生能够真正实现自我约束与管理。

第二，树立学生的管理意识，增强学生的管理能力。高校只有为学生不断创造良好的学习与生活氛围，学生才能够更快适应并遵守学校的规章制度，进而增强自我管理的能力。

第三，学校应当重视对于学生自主管理的教育工作。所谓学生自主管理，并不是完全摆脱学校规章制度的束缚，而学校更应该重视对于自主管理的教育，才能够使学生自主管理达到最佳的效果。

（二）方向性原则

学生管理工作中的方向性原则，是对"培养怎样的人、如何培养人"这一根本性问题的直接回应。作为高校办学的重要组成部分，学生管理不仅是学校育人体系中的关键环节，也是高校实现其教育使命的核心途径。

在学生管理过程中，坚持方向性原则至关重要，这一原则不仅为高校指明了教育教学的基本方向，同时也为高校的整体运行提供了重要的调节机制。坚持方向性原则意味着高校在确立管理目标时，必须遵循国家的教育方针和法律法规，这一原

---

① 甘雪梅,宗宝璟,王佳旭.高校大学生管理研究[M].长春:吉林出版集团股份有限公司,2021：14.

则是高校管理的基本准则。只有在此基础上，高校才能朝着正确的方向发展，在学生管理方面取得显著成效。因此，坚持方向性原则不仅是社会发展的必然要求，更是多年实践所得出的宝贵经验。

（三）激励性原则

在学生管理过程中，激励性原则的坚持具有重要的理论与实践意义。激励性原则，是通过科学合理的方式方法，促使学生的思想和行为发生积极变化，从而充分调动其内在积极性，并激发其潜在能力，该原则不仅有助于营造一个轻松、积极的校园管理氛围，还能够获得广大学生的认可与接受，进而提升管理工作的整体成效。因此，激励性原则在高校管理中占据了不可忽视的重要地位。

激励效果在很大程度上取决于教师在激励过程中所采用的手段与方式，是否能够切实针对学生的发展需求，满足其内心的渴望，并在其心中形成自我激励的内在动力。要在高校学生管理中贯彻激励性原则，需从以下三个方面着手：

1. 运用适当激励手段

为了更好地激发学生的积极性和创新能力，进而充分发掘其内在潜力，应运用科学合理的正向激励手段。正向激励手段主要分为物质激励与精神激励两种形式。

（1）物质激励是指通过实物奖励或物质利益的满足来激励学生，这种激励手段因为直接与学生的物质需求相关，能够有效地提高其参与度和学习兴趣。例如，奖学金、奖品等实质性奖励，因其具有较强的吸引力，能够有效地调动学生的积极性，并鼓励其在学业和生活中表现出色。

（2）精神激励通过语言表扬、荣誉称号等方式，给予学生精神层面的鼓励。精神激励的关键在于增强学生的自我认同感和自豪感，从而促进其内在动机的形成。例如，通过口头表扬或颁发荣誉证书，能够让学生感受到自身努力得到认可，进而增强其自信心和自我价值感。

需要注意的是，无论是物质激励还是精神激励，只要运用得当，都能在学生管理中起到积极的促进作用。合理、科学地运用正向激励手段，将有助于高校管理工作取得最佳效果。

2. 通过榜样进行激励

在管理过程中，树立典型人物，并通过榜样示范来激励学生，是贯彻激励性原则的重要途径。榜样的力量在于其能够通过具体的行为示范，为学生提供可效仿的学习对象，从而引导他们在学业、道德和生活等方面不断进步。

教师可以选择在学业优秀、品德高尚或在某一领域表现突出的学生作为典型，通过宣传其事迹和成就，鼓励其他学生向其学习。这种榜样激励方式，不仅能够激发学生的竞争意识和进取精神，还能够促进他们自我反省和提升自我管理能力。通过树立典型，能够有效地引导学生在日常生活中培养良好的学习习惯和道德品质，从而推动整个校园氛围的积极转变。最终，学生在追求榜样目标的过程中，逐步成长为新的榜样，形成良性循环。

3. 采取情感激发方式

在学生管理过程中，情感激发作为一种重要的管理方式，能够有效增强教师与学生之间的信任与理解，从而促进管理目标的实现。情感激发是指教师通过真诚关怀和情感交流，与学生建立起良好的互动关系，进而激发学生的积极情绪和行为。

教师应当与学生保持赤诚之心，关心其学习与生活状况，坦诚相待，真心帮助学生解决困难。通过这种方式，学生不仅能够感受到来自教师的关怀和支持，还能增强对管理工作的认同感与合作意愿。同时，情感激发不仅仅是一种管理手段，更是人文关怀的体现。通过在管理过程中融入情感因素，能够更好地理解学生的需求和心理，进而采取更为有效的管理措施，达到预期的管理效果。

（四）发展性原则

发展性原则是指导学生管理实践的重要理念，其核心在于促进学生全方位、多角度发展，同时确保管理工作能够不断更新和进步，以适应不断变化的社会环境。在当前政治、经济和社会文化迅速发展的背景下，外界环境的变化对高校管理产生了深远的影响。要想使高校的管理制度紧跟时代步伐并适应社会的发展，就必须坚持发展性原则，深化改革、完善和调整管理策略。发展性原则的贯彻，首先需要树立明确的发展意识；其次要推动管理创新，并合理利用资源，促进学生的全面发展。

1. 树立发展意识

在学生管理过程中，思想意识的转变是实现管理创新与发展的先决条件。传统的管理模式往往以控制学生为主要目标，教师与学生之间缺乏有效的互动和沟通，学生在这种压制性环境中容易产生消极情绪，且难以充分发挥其潜能。随着社会的不断进步，这种管理模式的弊端逐渐显现，必须树立新的发展意识，将促进学生的全面发展视为管理工作的核心任务。

发展意识的形成需要与社会的整体进步相协调。教师应当以社会发展的需求为导向，摒弃过时的管理理念，用新的发展观念来指导管理决策和规划管理策略，这样的观念转变不仅能够提升教师的战略眼光，还能促使管理模式更具前瞻性和适应性，有效促进学生的个人成长与社会适应能力的提升。

在管理实践中，发展意识的树立还要求教师关注学生个体的多样性和潜力，通过个性化的管理策略和激励机制，帮助学生找到自身的发展方向。这样的管理方式不仅有助于提升学生的自我效能感，还能为他们的未来发展奠定坚实的基础。

2. 推动管理创新

推动管理创新是贯彻发展性原则的关键。创新是推动社会进步的动力，同样也是高校管理发展的核心要素。在当今社会，政治、经济和文化的快速变化要求教师不断调整和更新管理策略，以确保学生能够适应外界环境的变化，并在未来的社会中占据一席之地。

在推动管理创新的过程中，高校需注意制度的灵活性与包容性。多元化的社会环境要求高校在制定和实施管理政策时，能够尊重学生的个体差异和多样性需求。通过建立开放的管理平台，高校可以广泛吸纳学生的建议和反馈，从而不断优化管理制度，使其更具实效性和可操作性。

3. 促进学生发展

学生管理的最终目标是促进学生的全面发展。学生不仅需要在学术上取得进步，还应在心理、社会适应和职业规划等方面得到全面支持。管理工作如果仅仅停留在制度层面的控制与规范，将难以有效推动学生的发展。因此，高校应在日常管理中注重对学生的服务与支持，通过各种资源的整合与优化，帮助学生更好地应对成长中的挑战。

在实际管理中，高校可以通过提供就业指导、心理辅导和生活帮助等多种服务形式，全面支持学生的发展。例如，针对毕业生的就业指导，不仅能够帮助他们顺利进入职场，还能提高他们在就业市场中的竞争力。此外，心理辅导和支持系统的建立，也有助于帮助学生应对学业和生活中的压力，提升其心理健康水平。

学校各部门的协同合作也是促进学生发展的重要途径。通过建立部门之间的紧密联系和合作机制，学校能够更加高效地为学生提供全方位的支持与帮助，从而提升管理工作的整体效果。只有在这种全校联动的管理机制下，学生的创新能力和主观能动性才能得到充分发挥，他们的全面发展才能真正得以实现。

第二节　学生管理的指导思想

一、现代科学思想

在学生管理的实践中，指导思想的确立是确保管理工作科学性和有效性的前提条件。现代科学思想作为学生管理的重要指导思想之一，强调通过科学分析与理性思考，制定和实施符合教育规律和学生成长特点的管理策略，它不仅要求教师具备科学的思维方式，还要求其在管理过程中能够运用科学的工具和方法，全面提升管理工作的水平与效果。

第一，现代科学思想要求教师在制定管理政策时，应当依托科学理论的指导。教育管理作为一门学科，有其独特的理论体系和实践范式。教师需要深入理解这些理论，并将其应用于实际的管理工作中。具体而言，教师应当结合心理学、社会学和教育学等相关学科的研究成果，科学分析学生的成长特点和心理需求，制定出科学合理的管理方案。例如，利用心理学中的动机理论，可以设计出能够有效激励学生的管理措施，从而提高学生的学习积极性和参与度。

第二，现代科学思想还强调数据驱动的管理决策。在现代信息技术飞速发展的今天，数据已经成为推动教育管理变革的重要资源。学校应当通过收集和分析学生在学习、生活和心理等方面的数据，全面了解学生的个体差异和需求，从而制定出更加精准和个性化的管理策略。例如，通过分析学生的学习成绩、参与校园活动的情况以及心理测评数据，可以发现学生在成长过程中面临的具体问题，并采取针对性的管理措施，帮助学生更好地适应学习和生活环境。

第三，现代科学思想还要求学校在管理过程中能够运用科学的管理工具和技术手段，以提升管理工作的效率和效果。随着人工智能、大数据和互联网技术的广泛应用，学生管理的手段和方式也在不断创新和优化。例如，利用智能管理系统，学校可以实现对学生信息的自动化管理和分析，从而更加高效地处理学生管理中的各种问题。此外，通过应用在线学习平台和虚拟现实技术，还可以为学生提供更加丰富和个性化的学习资源，促进学生的全面发展。需要注意的是，科学思想的应用并不仅仅局限于技术层面的创新，更重要的是在管理理念和管理文化上的提升。学校应当树立科学的管理观念，摒弃传统管理中的粗放式、经验式管理模式，转而追求精细化、科学化的管理方法。同时，学校还应当通过制度建设和文化培育，营造出一个以科学思想为指导的管理氛围，使全体教职员工都能够树立科学的管理意识，并积极参与到科学管理的实践中来。

第四，现代科学思想的应用还要求教师具备较强的批判性思维能力和创新精神。学生管理是一项复杂的系统工程，在实际工作中，教师往往会遇到各种复杂的问题和挑战。在面对这些问题时，教师应当坚持科学理性，避免简单的经验主义和主观判断，而是通过科学分析与论证，寻找出问题的根源和解决办法。同时，教师还应当具备创新精神，不断探索和尝试新的管理方法和策略，以应对不断变化的学生需求和社会环境。

二、已有管理经验

"高校是培养高素质人才的重要场所，而高校学生管理工作是实现这一重要目标的基本保证"①。在学生管理的理论与实践中，已有的管理经验作为重要的指导思想，承载了大量经过时间检验的有效管理策略和模式。管理经验的积累与传承，为高校在面对新的管理挑战时提供了宝贵的参考依据。已有管理经验不仅反映了在不同历史时期、不同社会背景下所采取的管理措施的有效性，还展示了如何应对各种复杂问题的智慧与策略，将这些经验融入现代学生管理实践，可以提供丰富的案例和借鉴，进而提升管理工作的科学性和实效性。

第一，已有的管理经验能够提供重要的历史视角与参考框架。在学生管理的发展历程中，不同的历史时期和社会环境对管理策略和措施的选择产生了深远影响。例如，在计划经济时期，高校管理主要以行政命令和集体主义教育为主，强调学生的集体意识和服从性；而在市场经济条件下，高校管理逐渐转向以学生为中心，更加注重个性化教育和学生的自我管理能力。通过对这些不同历史时期管理经验的总结与分析，教师可以从中汲取有益的经验教训，并根据当前社会环境和教育形势，灵活调整管理策略。

第二，已有管理经验提供了应对复杂管理问题的实践范例。在学生管理过程中，常常会遇到各种突发事件和棘手问题，如学生的心理危机、群体性事件、校园安全

---

① 施继华. 论高校学生管理 [J]. 现代商贸工业，2014，26（7）：105.

问题等，这些问题往往具有高度的不确定性和复杂性，需要在短时间内作出科学合理的决策。在这种情况下，已有的管理经验可以提供重要的参考依据。例如，通过学习和借鉴其他高校在类似事件中的应对策略，可以迅速找到问题的解决思路，并采取有效的应对措施，从而降低问题带来的负面影响。

第三，已有管理经验还可以帮助教师在制定和实施管理政策时，避免走入误区和重复错误。管理经验的积累，不仅包括成功经验的总结，更包括对失败教训的反思与改进。在借鉴已有经验时，应当具备批判性思维，对其中的不足和问题保持清醒认识，避免盲目复制和照搬。例如，一些高校在推广某种管理模式时，可能会忽视学生的个体差异和需求，导致管理措施的实施效果不佳。通过对这些失败案例的分析，可以避免类似错误的发生，进一步提高管理工作的针对性和有效性。

第四，已有的管理经验还能够提供系统化、规范化的管理框架和操作流程。在学生管理实践中，系统化的管理框架和流程能够有效提升管理工作的效率和质量。通过对已有经验的系统总结，可以建立起一套科学合理的管理制度和操作规范，确保管理工作在不同情境下都能够有序开展。例如，在学生的日常行为管理中，可以根据已有的管理经验，制定出明确的行为规范和奖惩机制，从而引导学生形成良好的行为习惯和道德意识。

第五，已有管理经验提供了重要的学习与反思平台。在学生管理的实践过程中，不仅需要不断积累新的经验，还需要定期对已有经验进行总结和反思。通过对管理经验的系统梳理和分析，可以更清晰地认识到管理工作的规律性和特殊性，从而在实践中更加得心应手。同时，已有管理经验的总结与传播，也为其他高校提供了宝贵的学习资源，有助于推动整个教育管理领域的共同进步。

三、人才成长规律

在学生管理中，理解和遵循人才成长规律是制定科学管理策略的关键所在。人才成长规律是指学生在成长和发展的过程中，所遵循的一系列内在规律和外在影响因素，这些规律不仅包括学生的生理和心理发展特点，还涵盖了社会环境、家庭背景、教育方式等多方面的影响。在实际工作中，只有深入理解并有效利用这些规律，才能更好地引导和支持学生的全面发展，最终实现培养高素质人才的教育目标。

第一，人才成长规律的核心在于对学生个体差异的尊重与理解。每个学生的成长路径都是独特的，他们在智力、情感、社交能力等方面存在显著差异。我们应当意识到，学生的成长是一个复杂而动态的过程，受多种因素的共同影响。因此，在制定管理策略时，应根据学生的个体特点，提供个性化的支持和指导。

第二，人才成长规律强调了教育和管理的阶段性特点。学生在不同的成长阶段，其心理需求、学习兴趣和社会认知都会发生显著变化。我们需要根据学生成长的不同阶段，灵活调整管理策略。例如，初入大学的新生在适应新环境时，往往面临着较大的心理压力和适应性挑战。此时，学校应当提供更多的心理支持和生活帮助，帮助他们顺利度过适应期。而对于即将毕业的学生，学校则应更加关注其职业规划和就业指导，帮助他们顺利进入社会。

第三，人才成长规律还涉及学生的社会化过程。学生在成长过程中，逐步从家庭走向社会，接受社会规范和价值观的影响，并逐步形成自己的社会角色认知和行为规范。在学生管理中，既要关注学生的学术发展，也要注重培养学生的社会责任感和公民意识。例如，通过开展社会实践和志愿服务活动，可以帮助学生更好地理解社会需求，培养他们的社会责任感和团队合作精神。

第四，在实际管理中，还需要关注人才成长规律中的关键发展期和敏感期。一般而言，学生在某些特定时期，往往会表现出对某些领域的特别兴趣或能力，这些时期被称为发展关键期或敏感期。在这些时期内，学生的学习能力和发展潜力会显著提高，如果能够得到适当的引导和支持，往往会取得更为显著的成就。学校应当通过细致的观察和分析，及时识别学生的这些关键期，并提供相应的学习资源和机会，帮助他们充分发挥潜能。

第五，人才成长规律也揭示了教育环境和社会文化对学生发展的深刻影响。一个良好的教育环境不仅能够提供丰富的学习资源，还能营造积极向上的学习氛围，促进学生的全面发展。学校应当通过创造和维护一个健康、积极、包容的校园环境，帮助学生在心理和行为上形成积极的成长态度。例如，可以通过建设和谐的师生关系、开展多元文化交流活动等方式，增强学生的归属感和认同感，促进他们在多元文化背景下的健康成长。

第三节　学生管理的理论基础

一、学生发展理论

"高校学生管理和学生发展理论的发展历程是息息相关的，学生发展理论的丰富和完善深刻影响着高校学生管理的变革，同时高校学生管理理念和管理模式的变革在很大程度上影响着学生发展理论的实践效果，两者是相互促进和制约的关系"[①]。

学生发展理论作为一门综合性学科，主要研究学生在社会、心理、认知、道德等方面的发展规律，其核心主旨在于通过多种理论框架的综合应用，深入探讨学生在不同发展阶段所面临的关键问题和挑战。社会心理学理论为此提供了基础，强调个体在其生命周期中的不同阶段所需完成的成长使命，并指出这些使命不仅受文化和环境的影响，也对其产生反作用。埃瑞克森的生命周期理论对此进行了系统化的描述，指出每一个阶段的发展都是前一个阶段的延续，并且每个阶段都有其特定的发展任务。

学生发展的研究不仅局限于社会心理学的框架内，还涉及认知结构理论。此理论源于皮亚杰的认知心理学，强调智力的发展是一个受环境影响的渐进过程。在此理论中，学生的发展被视为思维能力的逐步提升，而非与年龄直接相关的阶段划分。

类型学理论则从个性差异的角度切入，关注个体在发展过程中的固定特性。霍兰德的职业发展理论、迈尔斯－布里格斯的性格类型理论以及库伯的学习风格理论均为此提供了理论支持。尽管该理论在心理与认知结构研究方面并未带来显著的新进展，但其强调了先天个性在情感发展过程中的重要性，并且对学生管理实践具有重要指导意义。

人与环境互动论进一步拓宽了学生发展理论的视野，描述了环境与个体之间的相互作用，该理论认为，学校应创造有利于学生成长的环境，同时学生也应积极参与到这一过程中。丁托的辍学理论和阿斯汀的大学影响模式是这一理论的代表性研

---

① 吴文静. 高校学生管理与模式创新研究 [M]. 北京：北京工业大学出版社，2022：15.

究，指出环境对学生发展的决定性影响，并为教师提供了设计学习环境和评估学生发展的工具。

二、目标管理理论

1954 年，美国管理学专家彼得·德鲁克在其名著《管理实践》中首次提出了目标管理（简称 MBO）的概念。当时，科学和经济的蓬勃发展促使企业组织越来越大，企业分工越来越细，专业性越来越强，而整体的一致性和协调配合相较于分工专业性等问题则更容易被忽视。这种情况下，如果教师不能及时地应对外部环境的变化，继续使用以往忽视人性的管理模式，仍然采用家长式的"压迫式"管理必然无法控制整个局面，甚至会形成教师与学生对立的局面。因此，管理学专家彼得·德鲁克结合管理的实质，提出了"目标管理"理论，该理论在重视理性管理的同时也兼顾了人性的管理，通过设定目标，激发人的动机，引导人的行为，使人的需求与个人的期望和目标挂钩，以实现充分调动人的工作热情，唤起人的积极性和创造性为基本内涵。

新的管理方法在总目标确定的基础上，同时再确定一定时间的分目标，并为努力实现这一分目标而进行进一步的组织管理和控制。用"目标"代替手段，实现对下属的管理是其精髓所在。当前，随着高等教育改革的不断深化，学生管理工作也面临许多新情况，因此，高校在开展学生管理信息化的过程中可以参照企业目标管理的理念，首先重视人的因素，让学生和一线学生管理人员参与信息化项目目标的制定；其次要注意建立目标体系，当学校组织者确立总体目标之后，必须对其进行有效分解，把学生管理信息化的目标转变成各个部门的目标，以实现学生管理信息化的高效开展。

三、人本主义理论

（一）人本主义理论的要点

人本主义理论的核心在于对人的本质、价值与发展的深刻理解与强调，广泛吸收了教育学、管理学、心理学等学科的知识，并综合运用社会调查、典型试验和个案分析等科学方法，推动了管理模式从以"事"为中心转变为以"人"为中心，这一理论从"监督"管理发展到"人性激发"管理，由"独裁式"管理转向"民主式"管理，并从研究"纪律"扩展到分析"行为"，对高校学生管理的推动作用不容忽视。

第一，从教育学的视角来看，人本主义理论倡导的是"教人、做人、成人"的教育理念，强调培养能够自我展现、发挥潜能的个体，这一理论主张将情感教育与智力教育相结合，认为学生应是学习的主体，而不是被动的知识接受者。因此，教育过程应进行课程改革，推行"意义学习"和"经验学习"，使学生能够在情感、认知、行为等多个层面上获得发展。这种以人为本的教育观念强调学生的独立性和创造性，鼓励学生自主探索和自由学习，从而促进其全面成长。

第二，从管理学的视角来看，人本主义管理的核心在于对"人的心灵"的关注。管理的主体是人，而管理的对象不仅包括人，也涉及物，但管理内容的实质仍然依赖于对人的管理。因此，管理的根本在于"尊重人、发展人、依赖人"，其目的在于实现以人为本的管理理念。具体而言，人本主义管理强调尊重个体的价值与尊严，注重发展个体的潜能和能力，并依靠人的自主性和创造力来推动组织的发展。这一管理模式以人为前提，旨在通过尊重和发展人来实现组织与个人的双重目标。

第三，从心理学的视角来看，人本主义特别强调人的主要差异的本质和价值，关注个体的成长和自我实现，这一理论认为，人的成长不仅仅是适应环境或改变行为的过程，更是个体潜能的充分发挥和自我实现的体现。人本主义心理学强调自我实现，即个体通过发挥自己的潜力，展示自己的才华，从而获得最大程度的满足感。与其他学派不同，人本主义注重人的积极性和主动性，认为人的发展是一个积极主动的过程，而不是被动适应外界要求的结果。

（二）人本主义理论的应用

人本主义理论在高校学生管理中的应用具有广泛的影响和实践价值。为了深入探讨和理解人本主义理论，下面从人本主义的管理观、师生观、学习观、教学评价以及学生的心理治疗五个方面展开论述，以便更为全面地掌握人本主义理论在高校学生管理中的具体实践。

第一，人本主义的管理观方面。人本主义管理观强调持续有序的管理必须以尊重人格为前提。在高校学生管理中，这一原则表现为管理主要针对学生的生活和学习，不应掺杂其他成分。我们应当尊重学生的个性和自主权，通过沟通和理解来促进学生的自我管理能力和自我改善能力。同时，高校教师应充分尊重人的价值，致力于发展学生的潜能，并确立学生的主体地位，这一原则不仅应体现在口号和宣传标语上，更应内化为教师的整体素质，并具体落实到高校的管理制度和政策中。

第二，师生观方面。在传统的师生关系中，教师往往被视为知识的权威，而学生则是被动的接受者。然而，人本主义教育理论对这一关系进行了重新诠释，提出教师应成为学生的协助者和学习伙伴，而学生则应是学习的主导者。人本主义教育理论反对压抑学生的好奇心和潜能，提倡解放学生的个性，使其在积极主动的学习过程中获得成长。教师的主要作用不再是单纯的知识传授者，而是通过营造适宜的学习环境，激发学生的学习兴趣和主动性，使其自发地参与学习过程。

第三，学习观方面。在人本主义教育理论中，学习观被分为两类：一种是近似于机械记忆的无意义学习；另一种是能够改变个体行为和人格的意义学习。人本主义理论认为，真正有价值的学习是意义学习，这种学习不仅增长知识，更能与个体的经验相结合，对个体的认知、情感和行为等方面产生深远的影响。意义学习的最终目标是培养学生的独立性和创造性，鼓励他们自由探索，促进他们在知识、情感和人格上的全面发展。

第四，教学评价方面。基于意义学习的理论基础，人本主义教育理论还提出了一种不同于传统模式的教学评价方法，它反对以考试和考核为主的外部评价，提倡自我评价，认为这是一种发展学生独立性的有效途径。自我评价使学生对自己的学习负责，促使他们更加主动地参与学习过程。通过结合自身兴趣和个性发展的多种因素，学生可以从评价结果中获得全面的自我审视，从而不断完善自己，实现自我发展。

第五，学生心理治疗方面。在人本主义理论的框架下，高校学生的心理发展与心理治疗也得到了深入探讨。罗杰斯的求助者中心疗法是人本主义心理治疗的重要实践，求助者中心疗法认为通过移情、接纳和尊重个体的独特性，能够促使个体在心理治疗中获得积极的变化。马斯洛的需求层次理论则进一步丰富了人本主义心理学的内涵，强调了生理需要、安全需要、归属感和爱的需要、尊重需要以及自我实现需要在人类发展中的重要性。人本主义心理学认为，这些需求是天生的、与生俱来的，构成了激励个体行为的重要力量。

四、过程型激励理论

过程型激励理论的核心在于理解个体从动机产生到行为实施的完整心理过程。传统的激励理论，特别是内容型激励理论，主要关注是什么样的需求或动机驱使个体采取行动，例如，马斯洛的需求层次理论或赫茨伯格的双因素理论，这些理论强调不同类型的需求如何驱动行为。然而，过程型激励理论则试图回答另外一个问题：

当动机存在时，个体如何评估并决定采取哪些具体行动。

弗鲁姆的期望理论是过程型激励理论的代表性理论之一。期望理论提出，个体的行为选择是基于对可能结果的期望强度以及这些结果对个体的重要性（即效价）的综合评估。换言之，个体在选择行动时，会考虑一个行动能够带来的结果是否有吸引力（效价）以及实现该结果的可能性有多大（期望值）。弗鲁姆的基本公式"激励 = 效价 × 期望值"清晰地表达了这一观点。如果某个目标对于个体具有高效价，但实现的可能性很低，那么这一目标对个体的激励作用也会相应减弱。同样，如果一个目标容易实现，但其效价较低，个体的积极性也不会显著提升。因此，在学生管理中，若要有效激发学生的积极性和主动性，教师需要同时提高目标的效价和期望值，使学生在心理上既感受到目标的吸引力，又认为其是可以实现的。

在学生管理过程中，如何将过程型激励理论有效应用于实践，成为亟待解决问题。首先，理解和评估学生的动机是激励的起点。我们需要深入了解学生在学术、社交及个人发展的不同领域中的动机是怎样的，并分析这些动机背后的心理需求。例如，一些学生可能对学术成就有强烈的需求，而另一些学生则可能更重视社交关系或个人成长。在理解这些动机的基础上，可以通过设置具有高效价的目标来吸引学生的注意力，并通过增强学生对这些目标实现的信心来提高期望值。其次，应设计一系列激励机制，以支持和促进学生在目标实现过程中不断保持积极性。这里的激励机制不仅仅指物质奖励，还包括精神层面的鼓励和认可。例如，在学术管理中，设置合理且具有挑战性的学术目标，并提供清晰的路径和资源支持，能够有效提升学生的期望值。如果学生能够看到通过努力可以实现的结果，并且这些结果对他们具有重要意义，他们的学习动力将大大增强。最后，应关注激励的持续性。学生的动机和需求是动态变化的，随着他们在学术和个人生活中的不断进步，他们对目标的效价和期望值也可能发生变化。因此，激励机制应具有灵活性，能够根据学生的发展阶段和个人需求进行调整。例如，在初期阶段，可以通过设定短期目标来增强学生的信心，随着学生逐渐适应并取得进步，可以逐步引导他们设定更具挑战性的长期目标。

第四节　学生管理的现代转向

在当今快速变化的社会环境中，学生管理作为教育管理的重要组成部分，正经历着深刻的转型。传统的学生管理模式通常以管治为主，即通过权威和规则对学生行为进行严格控制和管理。然而，随着社会的发展，特别是民主化进程的推进和教育理念的变革，现代学生管理逐渐向善治转型。这一转型不仅仅是管理手段的变化，更反映了教育价值观的深层次变革，即从单纯的控制转向更具人文关怀和民主参与的管理模式。

要理解学生管理从管治到善治的转向，需要厘清这两种管理模式的理论基础。管治模式的核心在于通过权力和规则的施加，确保组织目标的实现。在这种模式下，学生管理主要依赖行政命令、规章制度和纪律约束，教师处于权力的中心地位，学生则被视为管理的对象，要求他们服从和遵循既定的规则和规范。相比之下，善治强调的是一种更为民主和参与性的管理方式。善治的核心理念在于，通过多方参与、合作治理以及透明和问责的机制，实现管理的公正性和有效性。在学生管理中，善治体现为尊重学生的主体性，鼓励他们参与到管理过程和决策中，进而提升管理的公平性和效率。

一、学生管理现代转向的动因

管治到善治是学生管理转向的动因，学生管理从管治到善治的转向，背后有多方面的驱动因素，具体如下：

第一，社会价值观的转变。全球范围内的民主化进程不断推进，个体权利和自由的观念深入人心。作为社会成员的学生，他们的主体意识和权利意识逐渐觉醒，要求在学校管理中有更多的话语权和参与权，这一变化迫使教育管理重新审视传统的管治模式，并探讨更加人性化和民主化的管理方式。

第二，教育理念的更新也是推动转型的重要因素。现代教育理论强调以人为本，关注学生的全面发展。传统的管治模式过于注重纪律和服从，忽视了学生的个性发展和心理需求。而善治模式则通过多方合作和民主参与，为学生提供了一个更加开放和包容的成长环境，有助于培养学生的自主性、责任感和社会参与能力。

第三，信息技术的发展也在一定程度上加速了这一转型。互联网和社交媒体的普及，使得学生获取信息和表达意见的渠道更加多样化。学生管理必须面对一个更加信息化、透明化的管理环境，在这种情况下，传统的管治手段难以应对新形势下的挑战，必须转向更加灵活和开放的善治模式。

二、学生管理现代转向的路径

（一）管理过程的民主化

在现代学生管理转向的路径中，民主化过程是不可忽视的关键步骤。在传统的管治模式下，学生管理通常以行政命令和规章制度为中心，强调教师的权威和学生的服从。然而，随着教育理念的演进和社会民主化进程的加速，学生管理逐渐从单向的控制过程转向多方参与的合作过程。在善治模式下，学生不再仅仅是管理的对象，而是管理过程中的重要主体，拥有了参与管理决策的权利。这种民主化的管理过程体现为学校治理结构的变革，具体表现在学生委员会、学生代表大会等参与平台的设立。通过这些平台，学生不仅能够表达个人的意见和建议，还能够直接参与学校的治理与决策。这种参与不仅增强了学生的责任感和主人翁意识，还有效地提高了管理决策的科学性和合理性。

民主化管理的核心在于对学生主体性的尊重。传统的管治模式往往将学生视为被动的接受者，而善治模式则将学生视为积极的参与者，这种角色的转变不仅有助于培养学生的民主意识和社会责任感，也促进了学校管理的公开性和透明度。在这种模式下，学生的参与不仅仅是形式上的，更是实质性的，他们的意见和建议在管理决策中得到了真正的重视和回应。

然而，管理过程的民主化并非一蹴而就。在这一过程中，学校需要克服许多挑战。首先是观念的转变。许多教师习惯于传统的管治模式，对学生的参与持保留态度，认为学生缺乏足够的能力和经验来参与管理决策；其次是制度保障的不足。尽管许多学校已经设立了学生参与的机制，但在实际操作中，学生的参与往往流于形式，缺乏实质性的影响力，这需要通过制度的完善和教师观念的更新来加以解决。

（二）管理手段的柔性化

柔性化管理手段的引入是学生管理现代转向的重要路径之一。在传统的管治模式下，学生管理往往依赖于硬性的规章制度和纪律约束，这种管理方式虽然能够在短期内达到控制学生行为的目的，但却忽视了学生个体的需求和心理发展，容易导致学生的反感和抵触情绪。而在善治模式下，需要更多地采用柔性的管理手段，通过心理辅导、激励机制和情感教育等方式，来理解和引导学生的行为。

柔性化管理的核心在于尊重学生的个体差异和心理需求。在传统的管治模式中，学生的需求往往被视为次要因素，学校更多地关注学生的行为是否符合规章制度，这种管理方式忽视了学生的内在需求，容易导致学生的心理问题和行为偏差。而在善治模式下，学校通过柔性的手段，能够更好地理解学生的需求，并在平等和尊重的基础上，帮助学生解决问题，促进他们的健康成长。例如，心理辅导作为柔性化管理手段的一部分，在善治模式中得到了广泛的应用。通过心理辅导，教师不仅能够及时发现和解决学生的心理问题，还能够在潜移默化中引导学生树立正确的价值观和行为规范。此外，激励机制也是柔性化管理的重要手段之一。可通过设置合理的激励措施，鼓励学生积极参与学校活动和管理过程，增强他们的自信心和成就感。

（三）管理过程的透明度与问责制

管理过程的透明度和问责制是善治模式的核心要素，也是学生管理现代转向的关键路径。在传统的管治模式中，学生管理过程往往缺乏透明度，决策过程对学生和家长不够公开，容易引发不信任和冲突。这种不透明的管理方式不仅削弱了学生对学校管理的信任，也阻碍了管理效果的提升。而在善治模式下，管理过程的透明度和问责制得到了高度重视，通过信息的公开和沟通的畅通，增强了学生、家长与教师之间的信任和合作。

透明度的提升意味着管理过程的公开化。学校应当通过多种渠道，如公告、会议、网络平台等，及时向学生和家长公开学校的管理决策和工作进展，这种公开化不仅有助于提高管理过程的透明度，还能够促使学生和家长对学校管理产生更高的信任感。此外，公开化的管理过程也为学生和家长提供了参与管理决策的机会，增强了他们的参与感和主人翁意识。

问责制的引入是善治模式下管理透明度的保障。问责制要求学校在行使权力时，必须遵循公正和公平的原则。通过建立有效的问责机制，学校在决策过程中不仅要考虑学生的利益，还要对决策的后果负责，这种问责机制不仅有助于提高管理决策的科学性和合理性，还能够防止在行使权力时出现偏差或错误，保障学生的合法权益。

需要注意的是，管理过程的透明度和问责制的实施也面临一定的挑战。首先是信息公开的范围和程度问题。在实践中，学校可能会担心过度公开信息会导致管理过程的复杂化和不确定性，因此在信息公开时往往持保留态度。其次是问责机制的完善问题。尽管许多学校已经建立了基本的问责机制，但在具体操作中，问责机制的有效性仍然有待提高。例如，问责机制如何在不影响管理效率的前提下，确保教师对决策的公正性和公平性负责，仍然是一个亟待解决的问题。总而言之，通过提高管理过程的透明度，学校不仅能够增强学生和家长的信任感，还能够促进管理决策的科学性和合理性。通过建立有效的问责机制，能够在行使权力时更加谨慎和负责，保障学生的合法权益。

第二章　学生管理内容的科学解读

第一节　学生的日常事务管理

一、学生的宿舍管理

"宿舍是学生生活行为、学习习惯、人际关系、价值取向的综合体现"[①]，宿舍作为学生课余生活的主要活动场所，为学生提供了学习和生活的环境，良好的宿舍环境能激发积极向上的奋斗精神，实现学生自我价值和学校的教育管理。鉴于此背景，加强宿舍管理，对于培养具有良好道德情操、扎实专业知识、灵活人际交往能力的人才，完善高校管理机制，都起着举足轻重的作用。

（一）学生宿舍管理的意义

1.丰富宿舍场域的内涵，以学促知

学生宿舍作为校园生活的重要组成部分，不仅是学生日常生活的主要场域，更是思想教育和品德塑造的关键载体。通过对宿舍场域内涵的深化和拓展，可以将宿舍打造成一个多维度的学习空间，将教育渗透到学生的生活细节中。宿舍不仅仅是学生休息的地方，它还承载着文化传递、思想交流、人格塑造等多重功能。在这一场域中，学生通过与室友和宿舍教师的互动，逐步形成协同合作、互助共进的生活态度，这一过程既是学生对生活经验的学习，也是对社会交往技能的内化。

此外，宿舍管理可以通过设立学术交流、主题讨论等多样化的活动，进一步丰富宿舍的文化内涵。例如，通过宿舍文化节、读书会、讨论小组等活动，营造浓厚的学习氛围，使学生在生活中潜移默化地接受教育。这种方式不仅拓展了学生的知

---

① 刘通.以"家文化"应对高校学生宿舍管理问题[J].产业与科技论坛，2022，21（7）：275.

识面，还强化了学生对知识的理解和应用能力，从而达成以学促知的目标。同时，宿舍作为学生生活的私密空间，为学生提供了更多自主学习、独立思考的机会，激发了学生的学术潜力，使宿舍生活与学习的良性互动成为可能。

通过丰富宿舍场域的内涵，能够有效引导学生将生活与学习相融合，促进学生在多元环境中的自我成长。这种以宿舍为基础的学习方式，打破了课堂教育的局限，拓宽了知识传递的路径，最终实现"以学促知"的教育目标。

2. 发挥学生主观能动性，以知促行

学生宿舍管理的一个重要目标是激发学生的主观能动性，使学生在参与宿舍管理的过程中获得责任感和归属感，这种主观能动性的发挥，不仅能够使学生在实际行动中学会如何解决问题，还能促使他们主动去承担责任、展现领导才能。因此，宿舍管理应当充分调动学生的参与积极性，给予他们自主管理的空间，使学生在"知"与"行"之间形成良性互动。

在宿舍管理中，学生常常是最直接的参与者和管理对象，他们对于宿舍环境、文化建设以及日常生活事务的认知和理解，决定了管理的效果。而宿舍教师需要通过引导学生参与宿舍事务的管理，如组织生活活动、处理宿舍矛盾、维护公共秩序等，促使学生将知识转化为行动。通过这种方式，学生不仅能够学会如何自我管理，还能在管理过程中增强自己的实践能力、沟通能力和组织协调能力。

此外，宿舍管理中的民主化进程也有助于学生主观能动性的发挥。通过宿舍委员会或学生自管会等组织形式，学生可以直接参与到宿舍的决策和管理中，这不仅培养了学生的民主意识，也增强了他们的社会责任感和参与感。在这一过程中，学生能够将课堂上所学的理论知识应用到实际生活中，形成从"知"到"行"的转变，最终达到以知促行的教育效果。

3. 畅通教育管理沟通渠道，以行促效

在学生宿舍管理中，教师与学生之间的沟通至关重要。有效的沟通不仅能够解决学生在宿舍生活中的实际问题，还能够促进教育管理工作的效率和效果。通过畅通教师与学生之间的沟通渠道，教师可以更好地了解学生的需求和问题，从而及时调整管理策略，提供更加贴合学生需求的支持和服务。在这一过程中，通过有效的沟通，可以将管理理念传递给学生，引导他们形成正确的行为规范，从而达到以行促效的目的。

宿舍管理中的沟通不应仅限于教师对学生的单向传递，而应当是双向互动的过程。通过建立定期的反馈机制，如宿舍座谈会、问卷调查、意见收集等方式，教师能够倾听学生的声音，了解他们的实际需求和意见，并及时回应这些反馈。这不仅有助于改善宿舍管理的效果，还能够增强学生对管理工作的认同感和信任感，促进宿舍管理工作的顺利开展。

同时，宿舍教师还应当加强与辅导员、班主任、心理咨询师等多方沟通合作，形成全方位的管理支持网络。在这一网络中，学生能够及时获得必要的帮助和支持，也能更高效地应对宿舍中出现的各类问题。通过多层次的沟通和协调，能够有效促进学生的行为规范化，提升管理效率，最终实现教育管理工作的目标。因此，畅通教育管理的沟通渠道，是实现以行促效的关键路径，也是学生宿舍管理工作走向精细化、规范化的重要保障。

（二）学生宿舍管理的策略

宿舍问题不仅关系着学生的健康成长，还关系到高校的教学秩序、校园稳定、文化氛围、社会舆论等方面。在结合时代特征、学生诉求、管理问题、发展现状后，高校需更新宿舍管理理念、畅通宿舍反馈机制、完善宿舍管理模式、丰富宿舍服务内容、创新宿舍文化内涵，具体的措施归纳如下：

1. 量化宿舍准则，督促学生遵规守纪

高校在面向学生、尊重学生、满足学生的原则下，建立科学合理适当的宿舍管理规章制度，做到有章可循，违章必究。不仅要落实、落细，更要与学生的综合评测、助学金评审、评奖评优、推免保研、推优入党、学生思想鉴定等挂钩，将学习成绩、活动竞赛、任职履历等"硬指标"与道德修养、素质品行等"软指标"结合起来，运用到学生管理考核中，作为学生综合素质考量的依据。同时，对于学校的规章制度，可以适当增加授权性条款，减少禁止性条款，建立科学化人性化的准则，提高学生的认同度和接受度。尊重学生的个人价值，运用民主手段调动学生参与制定学校规章制度的积极性、主动性和创造性，引导学生对宿舍管理进行思考，形成双向交流的教育管理机制。

2. 完善管理队伍，提升宿舍管理质量

在招聘宿舍管理人员时，适当提高选拔要求，入职后提升其整体素质，定期培训安全逃生技巧、宿舍网络管理、劳动实践教育、心理健康教育和思想政治教育等知识，努力构建集"卫生清洁、安全指引、生活帮扶、文化构建"的管理人员。高校培养一支高素质的公寓辅导员队伍，长期驻扎在学生群体中，在点滴生活中帮助学生陶冶情操、提升情趣、抓牢安全、坚守底线。畅通沟通方式，明确职责，各司其职，完善"以人为本·和谐高效·互助共赢"的宿舍管理模式，建立辅导员、宿管后勤部门、班主任、学生党员密切联系的工作体系，形成服务主体深度参与、通力合作的组织框架。

3.细化工作分支，鼓励学生参与其中

宿舍长、宿舍心理气象员、生活委员作为班级中负责学生日常生活的同学，在班级管理中承担着重要作用。辅导员通过自主申请或者民主投票的方式，为每间宿舍选择思想素质高、学习成绩好、人际处理佳的宿舍长，以个人带动小集体，以小集体带动整体。辅导员配合宿管，定期对以上学生骨干进行培训，包括：宿舍内务的整理技巧、人际关系的灵活处理、心理危机的甄别和预防等，鼓励广大学生干部带头参与到宿舍管理中。宿舍心理气象员随时关注宿舍成员的心理状况，及时介入和上报，帮助宿舍营造温馨、和谐、健康的氛围，引导学生成为宿舍管理的实施主体和建构主体。

4.评选模范宿舍，携手共创和谐氛围

营造良好的宿舍氛围，对于激励学生专注目标、奋发向上、互利共赢有着重要作用，从而推动基础文明教育和优良学风塑造。学院和学校通过组织宿舍评比活动，对宿舍内的学习成绩、宿舍氛围、才艺特长、内部装扮、整洁程度等分别进行综合评价，评选"学霸宿舍""和谐宿舍""文体宿舍""创意宿舍""清洁宿舍""最美宿舍"等。开展宿舍标语设计大赛、宿舍生活小视频评选比赛、宿舍小故事分享会、宿舍间的校内团建活动、优秀宿舍经验分享会、宿舍文化月等，鼓励宿舍成员在过程中树立集体荣誉感，培养互助互爱、团结协作的精神。同时提升宿舍文化品位，构建整洁、和谐、健康的宿舍文化氛围，以宿风带动学风，以学风带动校风。

5.优化相关设施，打造宿舍人文环境

在宿舍楼内或附近，设置自习室、小型图书馆、资料室、会议室、健身锻炼区、朗读室、宣传栏，为学生就近学习、休闲娱乐等提供场所，营造浓郁的文化氛围，打造精神文明的宿舍阵地，使宿舍园区成为融"思想教育、生活服务、行为指导、文化活动"等多功能于一体的区域，使其真正成为增长学识、健全人格的课堂，丰富生活、陶冶情操的园地，增强体质、展示风采的舞台，凝聚人心、融洽情感的驿站。高校里有部分宿舍处于较为边缘的地理位置，可以在附近建设文体娱乐场所，例如阅览室、健身房、乒乓球室等，营造积极良好的生活氛围。

6.畅通问题反馈渠道，积极正面发声

高校邀请学生代表定期参加宿舍管理研讨会，利用两微一端、专业网站、校内热线、谈话值班室、学生座谈会、热线邮箱，拓宽学生反映意见建议的渠道，鼓励学生就宿舍管理中存在的问题畅所欲言，并针对意见建议给予官方回应，公开学生投诉和处理调研的结果，推动建立双向的互动机制。建立由学生代表组成的监督机构，参与宿舍管理和服务，引导学生自我监督、自我管理、自我服务，维护学生合法权益，协助学校做好反馈工作。

辅导员是学生成长成才的人生导师和健康生活的知心朋友，除了负责各项日常事务外，更需要深入到学生的生活中，重视学生宿舍管理中存在的问题，了解学生的痛点、难点和堵点，精准施策，标本兼治。宿舍管理是高校教育管理工作中至关重要的环节，是新时期加强和改进学生思想政治教育工作的组成部分。高校要以宿舍管理为切入点，打开学生心门、完善学生人格、规范学生行为、培育学生素养、锻造学生理想，培养出德智体美劳的新青年，真正实现全员、全程、全方位育人。

二、学生的学习管理

学生学习管理的概念主要是借鉴管理学中对管理概念的描述演化而来的，其定义如下：高校学生的学习行为通过计划、组织、控制和激励等环节来协调学生的学习，以期达到学习目标的过程，这个定义包含着以下含义：

第一，学生管理的对象是学习行为。在这个定义中，一切管理活动都围绕着学习行为展开。管理的对象是一种行为，计划、组织、控制、激励等各个环节都有力地促进了这种行为的有效进行，最终使得学习行为有个满意的结果。

第二，管理的主体是参与学习行为的人或组织。学习管理的主体应是学生、学校。学习行为的主体是学生，所以先对学习进行有效管理的应是学生，而高校学生学习行为的发生主要是在学校的参与下进行的，并且学生的学习行为受到学校管理的很大影响，所以学校也应是学习管理的主体。学习管理中的两个主体都围绕着学习行为采取各种措施，并相互协调，使学习行为得到有效的结果。

第三，管理采取的基本措施是计划、组织、控制、激励。计划、组织、控制、激励是这个管理活动的四个基本职能。所谓职能是指人、事物或机构应有的作用。每个学生管理工作者工作时都是在执行这些职能中的一个或几个。那么，计划职能就是对将来趋势的预测，根据预测的结果建立目标，然后制定各种方案以及达到目标的具体步骤，以保证目标的实现。组织职能一方面是为了实施计划而建立起来的一种结构，该种结构在很大程度上决定着计划能否得以实现；另一方面是指为了实现计划目标进行的组织过程。控制职能包括制定各种控制标准；检查工作是否按计划进行，是否符合既定的标准；若控制对象的活动发生偏差，要及时发现和分析偏差产生的原因，纠正偏差或制订新的计划，确保实现目标。激励职能主要是从管理活动中的学生来讲的，通过激励学生，激发和调动他们的积极性，使他们的个人目标与管理目标统一起来，保证管理活动协调进行。

第四，管理的目的是实现学习目标。学习目标的实现是通过有效、优化的管理活动实现的。学生根据个人需求、社会需求，在学校给定的环境下，充分发挥个人管理学习的才能，进行有效的学习。同时，学生个人的学习又受到学校对学习管理的统辖，学校根据自身的人力、物力、财力的水平，制定符合自身和社会需要的学习管理制度，这种制度，为学生的学习提供了一种支持系统。因此，学校和个人有效的学习管理，最终保障了个人学习目标和学校培养目标的统一，保障了满意的学习结果。

（一）学生学习管理原则

学生学习管理应是高校管理中的重点，要有效地对学生进行管理，必须遵循科学的管理原则，这些原则既要结合学生的特点，又要满足总的方向和要求。因此，学习管理工作必须遵循的管理原则如下：

1. 自主性原则

自主性原则是学生学习管理中至关重要的指导方针，它强调学生在学习过程中的主体地位，并通过管理手段激发其学习的内在动力，使学生能够自觉地进行学习管理。现代高等教育中，教师的角色逐渐从知识的传授者转变为学习的引导者，而学生则成为知识的主动探究者。因此，学习管理必须尊重并鼓励学生的自主性，创造一个适合学生自我管理和自我发展的环境。

在学习管理中，学校应通过制度设计和资源支持，为学生提供更多自主选择的机会。例如，允许学生根据个人兴趣和发展需求自主选择课程，灵活安排学习时间，参与跨学科的研究和项目。这样不仅有助于培养学生的自主学习能力，还能增强他们的责任感和决策能力。同时，学校还应加强学习管理中的反馈机制，通过定期的学习评估和辅导，帮助学生更好地认识自身的学习状况，调整学习策略，实现自我管理与学校管理的有机结合。

自主性原则不仅意味着学生在学习内容上的自主选择，更强调其在学习过程中的主动参与。学生的学习动机、目标设定、时间管理等都应受到重视。学校需要通过各种手段提升学生的自我管理意识，鼓励学生对学习过程进行自我监督和评估，以此培养其独立思考和解决问题的能力。这种自主性的培养不仅能够使学生在校期间取得优异的学术成绩，更能为他们未来的职业发展和社会生活打下坚实基础。

2 系统性原则

系统性原则强调学习管理是一个复杂的系统工程，涉及学生、学校、社会等多方因素。学生的学习行为不仅仅是个人活动，它受到环境的强烈影响，因此学校的学习管理必须从系统的角度进行规划和实施。这种系统性管理要求学校协调各部门之间的关系，形成组织结构清晰、资源配置合理的管理体系，确保学习管理活动的有效性和持续性。

（1）系统性原则要求学校在制定学习管理政策时，不仅要考虑学生个体的需求，还需将学校的教育目标与社会的发展需求结合起来。现代社会对人才的要求日益多样化，学生不仅需要具备扎实的学术能力，还需具备适应社会变化的综合素质。因此，学校的学习管理应当通过课程设计、学术支持、职业规划等手段，帮助学生实现个人目标与社会需求的统一。

（2）学校在实施学习管理时，应建立多层次的管理架构，涵盖学生、教师、管理人员等不同角色。例如，学生自我管理可以通过学习小组、学生会等组织形式进行，而学校的管理层则负责整体规划和政策制定。此外，学校还应积极引入外部资源，与社会各界建立合作关系，利用企业、社区等外部力量，丰富学生的学习资源和实践机会。

（3）系统性管理还应注重数据的收集与分析，通过对学生学习行为的全面跟踪和评估，及时调整管理策略，确保学习活动能够顺利进行。通过这种全方位的系统管理，学校能够更好地优化学生的学习环境，提升管理的科学性和有效性，从而实现学习结果的最优化。

3. 价值性原则

价值性原则要求学习管理不仅要关注学习的结果，还要注重管理活动本身对学生个体需求的满足。学生学习管理的最终目的是提高学生的学习成效，但在此过程中，管理活动也应充分体现对学生利益的尊重与关怀。现代学习管理应当以人为本，充分发挥学生的主观能动性，满足他们在学习过程中多样化的需求。

（1）价值性原则体现在学校对学生个性化需求的关注上。每个学生在学习方式、学习节奏、兴趣爱好等方面都存在差异，学校在制定学习管理方案时应当考虑到这些差异，提供多元化的学习路径。例如，可以通过设立选修课程、兴趣小组、个性化辅导等方式，满足学生在不同学习阶段的具体需求，帮助他们更好地发挥潜力。

（2）学习管理活动还应当注重提升学生的内在价值感。在学习过程中，学校应通过各种激励机制，如表彰优秀学生、鼓励创新、促进学生自主参与校园事务等，增强学生的成就感和归属感。这不仅能够提高学生的学习积极性，还能促使他们在管理活动中形成正确的价值观和社会责任感。

（3）学校应通过学习管理活动，提升学生与学校、社会之间的互动价值。例如，学校可以通过志愿服务、社会实践等活动，帮助学生将课堂学习与社会实践相结合，增强他们对社会的理解和责任感，从而进一步体现管理活动的价值性。总之，价值性原则要求学校在进行学习管理时，不仅要关注学生的学术成果，更要关心他们的成长需求和社会责任感，促进学生的全面发展。

4.针对性原则

针对性原则是高校学生学习管理工作中特有的原则。"针对性原则是指高校学生学习管理活动应针对大学生的生理、心理情况分阶段地进行管理的原则"①。针对性原则体现的是管理活动中对组织结构的分层管理，同时，针对性原则也体现了管理活动中要基于事实的哲学理念。大学时期是智力水平提高、记忆功能增强、抽象思维获得重大发展、分析综合能力明显提高的时期。而且，进入到大学学习的学生们，要经历入学期、稳定发展期、毕业前期的各个阶段，高校要根据学生生理、心理的适应性来有效地、针对性地进行学习管理，才能获得最佳的学习效果。

5.定性与定量结合原则

定性管理与定量管理相结合的原则强调，在学习管理中，单一的评估手段无法全面反映学生的学习状况，因此需要综合运用定性和定量分析工具，以确保学习管理的科学性和公平性。定量管理主要通过考试成绩、出勤率等数据来评估学生的学习成果，而定性管理则通过观察、访谈等手段，评估学生在学习过程中的行为表现和态度。这两者的结合能够全面反映学生的学习能力和潜力。

（1）定量分析具有客观性和精确性的优势。通过量化指标，学校可以清晰地了

---

① 杨道，林怡冰.高校学生管理工作的行与思 [M].天津：天津科学技术出版社，2022：133.

解学生的学习成绩和进展情况，并依据这些数据进行教学评估、教学质量监控等管理工作。然而，单纯依赖定量分析也存在局限性，尤其是在评估学生的创造力、批判性思维和合作能力等方面，定量数据难以全面体现。因此，学校需要引入定性分析手段，补充定量评估的不足。

（2）定性分析可以通过课堂观察、与学生的个别交流、课程反馈等方式，深入了解学生的学习态度、行为习惯以及参与度。这种评估方式能够提供更为全面的反馈，帮助学校更好地设计教学策略，满足不同学生的学习需求。

通过将定性与定量管理相结合，学校可以构建更为科学和有效的学习管理体系。定量分析为学校提供了数据支持，而定性分析则帮助学校理解这些数据背后的学生行为和心理，二者相辅相成，共同提升管理的效能。

（二）学生学习管理方法

合理的方法才能体现管理的原则和取得满意的管理结果。高校学生学习管理要采用有效的管理方法才能适应学生、学校、社会的需要。因此，高校学生学习管理采取的方法从不同角度分析主要界定为两种：一种是分阶段管理；另一种是系统管理。

1. 分阶段管理方法

分阶段管理是指将学生的学习管理分为入学期、稳定发展期、毕业前期三个阶段，在不同阶段采用适应性的手段、方法，使学生、学校的学习管理能进行有效、优化的管理。分阶段管理最大限度地体现了学生学习管理中针对性的原则，但在管理活动进行的过程中，也结合了自主性原则、系统性原则、价值性原则和定性管理与定量管理相结合的原则。

（1）入学期学习管理：奠定基础，调整心态。入学期是学生从高中过渡到大学的重要阶段，这一时期的学习管理对于学生的长期学术发展至关重要。学生在步入大学后，面临着学习环境的剧变，尤其是自由度更高的学术氛围和多样化的学习资源，容易产生学习上的迷茫和焦虑。因此，学校需要通过系统化的学习管理，帮助新生树立正确的学习态度，掌握有效的学习方法，以适应新的学术要求。

第一，入学期的学习管理应注重帮助学生调整心态，适应从依赖性学习到自主性学习的转变。很多学生在高中阶段习惯于依赖教师的指引，而大学的学习强调学生的自我规划和自主探索。因此，学校应通过入学教育、学习引导等手段，帮助学生逐步适应这一过渡。比如，可以组织新生参与学习方法讲座，提供学术资源的使用培训，帮助他们了解大学学术环境的特点，并鼓励学生探索不同的学习方式，如独立研究、团队合作等。

第二，入学期的学习管理还应注重帮助学生建立合理的学习目标。高校课程多样且知识容量大，学生容易在短时间内感到不知所措。学校可以通过制定学习计划，帮助学生合理分配时间，明确各阶段的学习目标，并鼓励他们设定短期和长期的学术发展计划。例如，帮助新生制定学期内的课程学习目标，明确每门课程的学习重点和难点，逐步提升他们的学术自信心。

第三，学校应通过个性化的学习辅导，关注不同学生的学习适应情况，及时提供学术支持。每个学生的学习基础和适应能力不同，因此学校应提供个别辅导和学术支持，例如通过学术咨询、学习辅导中心等形式，帮助学生解决入学期遇到的学习问题。这种个性化的学习管理方式，有助于新生尽快适应学校生活，并为后续的学术发展奠定坚实基础。

（2）稳定发展期学习管理：全面提升，个性发展。经过入学期的适应，学生逐渐进入稳定发展的学习阶段，这一时期学生对学术生活的理解更加深入，求知欲和学习动力也逐渐增强。因此，稳定发展期的学习管理应注重在巩固基础知识的同时，激发学生的学术兴趣，培养他们的专业能力和综合素质。

第一，学校应在这一阶段帮助学生进一步明确专业方向和学术兴趣。学生在稳定发展期逐渐了解自己的学术兴趣和职业目标，因此，学校应通过专业辅导、课程设计等方式，引导学生在广泛学习的基础上，逐步聚焦自己感兴趣的学术领域。例如，学校可以通过开设选修课程、鼓励跨学科学习、组织学术研讨等方式，帮助学生拓展知识领域的同时，深化对某一领域的理解和专注。这不仅有助于学生的知识积累，还能培养他们的批判性思维和创新能力。

第二，稳定发展期的学习管理还应关注学生个性的发展，鼓励他们在学术追求中展示个性和独特性。现代教育强调全面发展与个性发展的统一，学校应通过多样化的学习管理手段，促进学生个性化发展。例如，提供个性化的学术支持、鼓励学生参与科研项目、实习实践等，使学生能够在专业学习的同时，发展独立思考和解决问题的能力。

第三，稳定发展期的学习管理应注重综合能力的培养，提升学生的学习成效和社会适应能力。随着学生学术能力的提升，学校应通过组织学术比赛、创新创业活动等，促进学生将理论知识转化为实践能力。同时，通过课程设计与社会需求的结合，帮助学生在学术知识与社会实践中找到平衡，增强他们的竞争力。

（3）毕业前期学习管理：稳定学习，助力过渡。毕业前期是学生从学校向社会过渡的关键阶段，面临就业、考研等多种选择的压力，部分学生容易忽视对专业课的学习或对未来发展方向产生迷茫。因此，学校在这一阶段的学习管理尤为重要，应通过科学的学习管理手段，帮助学生稳定学习，顺利过渡到职业生涯或深造阶段。

第一，学校应在这一阶段帮助学生保持学习的持续性和稳定性。毕业前期，部分学生可能会因为忙于找工作或考研而放松专业课程的学习，这不仅影响他们的学术成绩，还可能影响他们未来的发展。因此，学校应通过合理的学习管理措施，确保学生在毕业前能够继续保持高水平的学术投入。例如，通过加强学业辅导、设立学业警示机制等方式，帮助学生合理安排时间，在备考或求职的同时，兼顾专业课程的学习。

第二，学校应为学生的职业或学术过渡提供针对性的支持。毕业前期，学生的学习需求与以往不同，他们不仅需要巩固专业知识，还需要为就业或深造做好准备。学校可以通过开设职业技能培训、提供考研辅导、组织校友交流等活动，帮助学生提升就业竞争力或考研成功率。同时，针对不同职业方向或学术发展路径，学校还应提供个性化的学习支持，帮助学生获取所需的知识和技能。

第三，学校还应关注毕业生的心理健康和学术压力管理。面对毕业的多重压力，部分学生可能会感到焦虑和迷茫，影响学习状态和心理健康。学校可以通过设立心理辅导中心、组织减压活动等，帮助学生调节情绪，保持积极的学习心态。通过科学的学习管理和支持，学校可以帮助学生顺利完成学业，成功步入职场或继续深造，实现从学校到社会的平稳过渡。

2. 系统管理方法

高校学生学习系统管理是指将学习行为与学生、学校、社会看作一个整体来管理，学生与学习行为产生直接的影响，学校和社会为学生的学习提供了支持系统。学习管理系统中有着学习行为、学生、支持系统部分，学习行为是这个系统的中心，学生的活动和支持系统的活动都是围绕着学习行为进行的。学习行为、学生、支持系统这些部分之间又有着密切的联系。在这个系统管理中，主要体现了以下思想：

（1）学生学习管理系统中，学习的主体是学生，所以学生与学习行为有着相互的关系。学生对学习行为进行有效管理，会取得理想的学习结果。理想的学习结果又会促进学生的积极性、自主性，加强和促进学习效果；反之，就会降低学习结果，进而影响学生学习的情绪。

（2）支持系统是指学校、社会为学生的学习所提供的一切支持，它包括培养目标、学习风气、学习制度、评估制度等，这些支持系统有效地促进了学生的学习活动，同时，学生的学习活动又影响着支持系统的变革和发展。

（3）在这个学习系统管理中，隐含着计划、组织、控制、激励等各个环节，这些环节是管理活动进行的各个必要的程序。管理活动在计划、组织、控制、激励基本环节基础上有效地运行，使得整个系统得以良好地运转起来。

（4）学习目标的实现是学习系统管理中最终的管理目标。这个学习目标是系统的整体目标，是学生个人的学习目标与支持系统目标的统一。得到满意的学习目标，不仅是学生，也是支持系统的愿望和采取措施的结果，它将结束一次优化的学习管理工程。否则，学生、支持系统就会不断地调整，使之产生满意的学习目标。

三、学生的安全管理

高校校园是学生学习和成长的地方，因此安全管理是保障他们学术成功和个人成长的基础。学生面临各种潜在的安全风险，学校必须采取措施来减少这些风险，确保学生的安全。

（一）安全管理遇到的挑战

在现代校园环境中，安全管理的重要性毋庸置疑，尤其是在保障学生人身安全、维护校园秩序方面，起着至关重要的作用。然而，尽管高校普遍重视安全管理工作，但在实际实施过程中，仍然存在诸多挑战。理解并应对这些挑战，不仅是确保校园安全的关键步骤，也有助于构建更加完善的安全管理体系。

第一，校园的规模和多样性对安全管理提出了挑战。现代高校往往拥有庞大的校园面积，并且学生、教职工、访客等群体构成极为多样化。这种复杂的人员结构和广阔的物理空间使得在保障每个人的安全时，需要应对不同的需求和特殊情况。例如，不同的学生群体在行为习惯、文化背景、生活方式上都有明显差异，需要考虑如何平衡各方的需求，确保每个群体都能够在校园内感到安全。多样性带来了丰富的文化和学术氛围，但也意味着教师需要更加灵活、细致的策略来应对潜在的安全隐患。

第二，资金的限制也是校园安全管理中不可忽视的一个挑战。安全管理的实施需要大量的资金支持，特别是在技术设备、人员配备、应急设施等方面的投入。校园内的安全技术升级，例如安装监控设备、购置报警系统、配备专业的安全人员，都是不可或缺的措施，但这些措施往往会受到资金的制约。尤其是对于规模较大的高校而言，保障全校范围内的安全需要长时间的投资和规划，这在一定程度上加大了管理难度。因此，教师需要在资源有限的情况下，优化资金分配，确保安全投入的效益最大化。

第三，校园内的私人空间与公共空间的平衡同样是安全管理中的一大挑战。在高校中，学生宿舍作为私人空间，具有相对的隐私性和独立性，而校园公共区域则受到更为广泛的管理和监督。如何在保障学生隐私的同时，确保宿舍区的安全，是一项复杂的任务。学生宿舍是学生日常生活的重要场所，过度的监控可能会让学生感到不安，但缺乏有效的监督又可能增加安全隐患。因此，需要找到一种平衡，既能够维护学生的隐私权，又能够确保宿舍区的安全。这就要求在制定安全管理措施时，充分尊重学生的生活空间，同时采用合理的监督和预警机制，防患于未然。

（二）安全管理的实施策略

为了应对高校安全管理中的各种挑战，学校应当通过系统性、全面性的策略来保障学生的安全。这些策略不仅涉及安全政策的制定与落实，还包括安全意识的培养与技术手段的运用。通过多管齐下的方式，学校可以在最大程度上保障学生的学习生活安全，确保他们在校园内能够安心学习和生活。

第一，学校应制定明确的安全政策，为学生和教职工提供清晰的指导和行为规范。安全政策的制定应当包括应急预案、突发事件处理机制、安全责任划分等内容，并确保每一位师生都能够清晰理解并遵守这些政策。明确的安全政策不仅为突发事件提供了应对方案，也能够在日常生活中提升校园安全氛围。通过定期更新和完善这些政策，学校可以确保应对不断变化的安全需求。例如，针对不同类型的突发事件，学校可以制定多样化的应急预案，确保在各种情况下，师生都能够及时获得帮助与指导。

第二，提供安全培训和意识活动是提高全体师生安全意识的重要手段。通过定期开展安全知识讲座、应急演练等活动，学校可以帮助学生和教职工增强防范意识，提高他们在紧急情况下的自救能力。安全意识的提升不仅有助于减少安全隐患的发生，也能够在突发事件中有效降低损失。学校可以邀请安全专家、警务人员为学生和教职工进行讲座，传授应对火灾、地震等自然灾害，或面对不法侵害时的自我保护技巧。此外，学校还可以通过社交媒体、校内公告等方式，向学生推送安全知识，营造人人重视安全的氛围。

第三，利用现代技术是提高校园安全管理效率的重要手段。随着科技的发展，安全技术的进步为校园安全管理提供了新的可能性。学校可以通过安装监控摄像头、部署智能安防系统、安装紧急报警装置等措施，构建一个全方位的安全监控网络。这些技术不仅可以对校园公共区域进行实时监控，还可以在突发事件发生时，及时预警并通知相关管理人员。例如，一些高校已经开始应用基于大数据分析的智能安全系统，通过对学生行为的监测和分析，提前发现潜在的安全隐患，并采取预防措施。此外，学校还可以通过设置紧急求助按钮、推送紧急信息等方式，确保学生在遇到危险时能够第一时间获得帮助。

第四，学校可以通过构建多方合作的安全管理机制，提升整体安全管理的效能。安全管理不仅仅是学校单方面的责任，它还需要学生、教职工以及外部相关部门的共同参与。例如，学校可以与当地公安机关、消防部门建立长期合作关系，在安全管理、突发事件处置等方面保持密切联系。通过这种多方协作的机制，学校可以在突发事件中更快地获得专业支持，进一步提升安全管理的效果。

四、学生的课外活动管理

高校学生课外活动对于学生全面发展具有重要意义，通过课外活动能够进一步完善学生人格，促进学生身心健康发展，同时还可以使学生增长见识，拓宽视野。高校学生课外活动管理工作需要做到以下方面：

（一）确定学生课外活动管理计划

学校无论是课堂管理，还是课外活动管理，都需要一定的管理计划。课堂之外所进行的一系列活动也是需要系统规划和管控的。

1.科学制定活动计划，明确培养目标

在制定学生课外活动管理计划时，需要科学地制定活动计划。课外活动作为课堂教学的有益补充，其目的不仅在于丰富学生的课余生活，更在于培养学生的综合素质，将课堂所学与实际生活紧密结合。制定计划时，需明确活动的目标，即通过课外活动促进学生的个性发展和社会适应能力，提升其协作意识、责任感及创新精神。同时，工作人员在拟定活动计划时，应充分考虑各年级学生的年龄特征、心理发展需求及学习任务，确保活动的多样性与针对性。

此外，在活动类型的选择上，既要遵循学生全面发展的需要，又要尊重学生的个性差异，设计出适合不同兴趣和能力的活动内容。每一项课外活动计划都需包括清晰的步骤和任务分配，涵盖活动时间安排、设施准备、人员职责分配等方面，确保活动的可操作性和顺利实施。通过制定详尽、科学的活动计划，学校能够更好地引导学生在课外活动中成长，将培养学生的基本素质与个性发展有机结合，实现课内外教育的融合。

2. 强化部门协同作用，完善管理体系

课外活动的成功开展离不开学校各部门的协同配合。因此，在制定课外活动管理计划时，应充分发挥教务辅助功能，确保政教部门、图书阅览部门及后勤组织等各职能部门能够围绕活动计划开展工作。每个部门需要根据整体活动安排，制定相应的配套计划，确保活动各环节紧密衔接，并做好资源支持和服务保障。例如，图书阅览部门可根据活动主题提供相关书籍和学习资料，帮助学生深入理解活动内容；政教部门则负责学生纪律管理和安全保障工作，确保活动在有序、安全的环境下进行；后勤部门则需要预先准备活动所需的场地、器材及其他物资，并及时处理突发状况。为了保证各部门的协作顺利进行，学校应定期召开协调会议，明确各自职责，确保信息传递畅通无阻，防止管理空隙和工作疏漏。通过强化部门协同作用，不仅能够提升活动的组织效率，还能为学生的全面发展提供更有力的支持与保障。

3. 专人负责管理，保障计划落实

有效的课外活动管理离不开专人负责。每项课外活动计划都需要有明确的责任人，这不仅包括制定活动计划的核心人员，还应涵盖具体参与活动的辅导教师及其他管理人员。专人负责制的引入有助于加强活动的组织管理和监督，确保活动按照预定计划顺利实施，并及时应对活动中可能出现的问题。

在实际操作中，辅导教师是课外活动管理的关键角色，需根据活动主题及目标设计相应的方案，并根据学生的实际情况进行灵活调整。此外，管理人员还需实时关注活动的进展情况，尤其是活动中的细节管理，如人员签到、物资分配等，以确保活动的有序进行。通过专人负责制，学校不仅能够提高活动的管理效率，还能保证每一项活动都得到充分的关注和支持，从而提升课外活动的实际效果。

4. 完善流程设计，确保活动有序推进

在课外活动的实际开展过程中，完善的流程设计是活动成功的关键。在制定活动管理计划时，学校需要对每一项活动的流程进行详细安排，并将流程落实到书面上，以便所有参与人员都能明确各自的职责和任务。这种流程化管理能够有效减少活动中的混乱和疏漏，确保活动有条不紊地进行。

活动流程安排应包括多个关键要素，如活动的具体目标、预期成果、时间分配、活动场地、人员分工及经费预算等。每一项内容都需具体而清晰，确保活动的每个阶段都能够顺利衔接。例如，在一场团队合作性质的活动中，流程设计不仅要考虑活动的步骤安排，还需对各小组的任务分配及合作方式进行细致规划，确保学生能够在明确的指导下高效完成任务。通过科学的流程设计，学校能够有效提高课外活动的组织管理水平，确保每一项活动都能取得预期的效果。

5.全面落实安全管理，保障学生权益

在课外活动管理中，安全问题始终是不可忽视的重点。无论活动的规模和类型如何，学校都应将安全管理作为首要任务，确保学生在活动过程中的人身安全。为此，学校在制定课外活动计划时，应提前对活动的风险因素进行评估，并制定相应的安全预案。首先，学校应明确活动中的安全责任人，确保在活动进行的每个阶段都有专人负责安全监督工作。其次，在活动正式开始之前，学校应对参与活动的教师和学生进行必要的安全培训，增强他们的安全意识和应急处理能力。最后，学校需要为活动准备必要的安全设备，如急救箱、应急通讯工具等，并确保活动场地符合安全标准。通过全面落实安全管理，学校能够最大程度减少活动中的安全隐患，保障学生的权益和健康，确保课外活动在安全、健康的环境下进行。

（二）完善学生课外活动相关制度

第一，丰富校园课外文化建设内容。高校课外活动目的在于实现对学生教育目的，而并非仅仅局限于课外活动本身。高校在进行时必须以学生成长为目的，重点关注校园课外活动建设，如丰富美术、体育、音乐、舞蹈、科学实践、素质实践拓展等内容，通过课外文化活动增长学生实践经验，并给予一定的课外活动奖励加分措施，使其在年终学分评定中占据一定分值比例。通过丰富校园课外文化建设内容，健全校园文化活动激励机制，保障高校学生获得全面发展。

第二，坚持管理与教育相统一。学生进行课外活动制度既要注重实现人文性，又要注重提高学生科学素养，两者缺一不可，为实现这一目的，高校必须注重对高校课外活动进行管理的同时，注重对学生进行引导与教育，通过严格的课外管理活动教育学生一些课堂上不可能学习到的实践知识与人生哲理，促使学生身心得到全面发展。

学生课外活动管理工作是高校工作的重要内容之一，学生参加课外活动能够在促进学生身心健康的同时，进一步帮助学生开阔视野增长见识，高校应该为学生参加课外活动提供便利条件，不仅需要进一步完善课外活动管理计划，使高校学生课外活动进行有条不紊，获得更多安全保障，实现课外活动效果最大化。同时还应该丰富课外文化活动内容，在对学生进行严格管理的同时，实现课外活动的教育目的，使高校学生在课外活动中有更多收获。

第二节　学生的教育管理构建

一、学生德育教育管理

德育管理工作是现代高校管理的重要组成部分，既是高校管理活动的一项重要内容，也是高校管理活动的一种特殊形式。学生德育管理是一般管理原理在高校德育中的具体应用。高校德育由多种要素构成，直接受多方面因素的影响和制约。由于影响高校德育的因素多、涉及范围广，这就决定了高校德育要落到实处、取得实效，便需要有专门的组织机构，能够针对德育工作的复杂性、特殊性、专门性，制订可行的德育工作计划，协调好各方面的教育力量，以求达到德育目标。因此，所谓高校德育教育管理，就是高校根据现代社会的德育目标，遵循德育发展和管理的一般规律，运用科学的管理方法，在一定的环境条件下，通过预测、决策、计划、组织、指导、协调、控制、评价，有效地组织、分配和利用校内外各种德育资源和相关要素，形成德育合力和整体优势，以提高德育效率，实现德育目标的过程。

（一）学生德育教育管理的意义

1. 全面提高德育的实效

德育实效的提升是高校德育教育管理的核心目标之一。相较于其他教育领域，德育工作涉及思想、信念、价值观等深层次问题，具有复杂性和多样性。因此，在德育管理过程中，建立系统的德育质量保障体系尤为重要。通过明确高校各个部门和相关人员的德育责任，可以加强德育工作的协调性和整体性，确保每一项德育措施都得到有效实施。德育管理不仅仅是知识传授，更是培养学生健全人格、塑造其社会责任感的关键环节。因此，完善德育工作控制系统，健全德育约束机制，显得尤为重要。通过科学合理的管理方法，学校可以有效避免德育工作流于形式化，确保德育内容能够深入学生内心，激发学生内在的道德情感。高校德育实效的提高不仅依赖于制度建设，还需要通过细致的过程管理，将德育工作融入日常生活、学习和社会实践中，从而真正实现德育目标的落实。通过持续不断管理和优化，高校能够为社会培养出既有高尚道德品质，又具备社会责任感的优秀人才，这对于社会的长远发展具有重要意义。

2. 调动德育教师积极性

德育教师在高校德育管理中扮演着核心角色，他们不仅是德育思想的传递者，更是学生道德发展的引路人。因此，调动德育教师的积极性是提升德育工作成效的关键所在。首先，学校在实施德育管理时，需要为德育教师提供明确的目标导向，并通过相应的管理机制对其行为进行有效监督和指导，确保他们的工作方向与社会需求相一致。同时，学校应积极创造条件，支持德育教师的职业发展，鼓励他们不断提升自我专业素养。通过设立奖励机制和表彰优秀工作者，激励他们以更加积极的态度投入到德育工作中。更为重要的是，德育管理需要注重教师的心理需求，激发他们的内在动力，使他们不仅出于职业责任感进行德育工作，还能在工作中找到个人成就感和满足感。这种内在的动力将促使德育教师在教学中展现更多的创新精神和主动性，不断探索新的德育模式和方法，为学生提供更加丰富的道德教育体验。通过充分调动德育教师的积极性，德育管理将更加高效，学生的道德发展也会因此受益。

3. 发挥德育组织的作用

德育组织作为高校德育管理的核心载体，其作用不可忽视。高校中的年级组、班级等各类德育组织，为德育工作的开展提供了基本框架和平台。通过组织化的管理方式，高校可以将德育目标有效分解到不同层级，确保每一项德育任务都能得到切实的落实。这些德育组织不仅仅是德育政策的执行者，它们同时也是推动德育创新的重要力量。教师需要深入思考如何充分利用这些组织，激发其内部成员的积极性和创造力，从而使德育工作更加有条不紊地进行。在实际操作中，科学合理的德育管理体制能够理顺各类德育组织之间的关系，避免资源浪费和工作重叠，使得德育工作能够高效运行。同时，德育组织还具有重要的凝聚力作用。通过这些组织，学生能够更好地理解并认同德育目标，从而形成良好的集体意识和团队合作精神。德育管理的成效在很大程度上取决于这些组织是否能够有效发挥其功能。因此，高校应不断优化德育组织的管理模式，确保其能够在高校德育体系中扮演积极、有效的角色。通过组织的力量，德育工作将更加扎实，学生的德育水平也会稳步提升。

4. 营造良好的教育氛围

良好的教育氛围是德育管理得以顺利实施的基础，而校风作为这种氛围的核心表现，直接影响着学生的道德认知和行为表现。校风不仅是高校所有成员在思想、学习、生活等各方面形成的稳定态度和行为方式的总和，也反映了高校的办学理念、管理制度和伦理价值。良好的校风是一种无形的力量，它能够引导学生形成积极的学习态度和良好的道德习惯，同时激发教师在教学和管理中的热情与责任感。通过校风的建设，学校可以创造出一种具有凝聚力和约束力的环境，使每个成员都自觉融入集体，遵循学校的价值观和行为规范。在这样一种积极的氛围中，学生的德育发展得以自然推进，学校的教育目标也更容易实现。因此，营造良好的教育氛围不仅是德育管理的内容之一，更是提高德育效果的重要途径。良好的校风一旦形成，便会成为学校持续发展的重要动力，进而推动整个教育过程的健康、有效运行。

5. 促进高校的整体管理

德育教育管理不仅仅是高校教育的一部分，它还在整个高校管理体系中起着举足轻重的作用。德育工作的有效开展，能够为其他领域的管理工作提供必要的道德指导和价值引领。作为一种基础性管理，德育不仅与学生的个人成长和品德培养息息相关，还影响到学校的智育、体育、艺术教育等方面的整体管理效能。通过加强德育管理，学校可以有效提升学生的综合素质，使其在智力发展、体能增强和社会适应能力等方面都具有较高的水平。此外，德育教育管理还可以推动学校内部各项管理工作的优化。在后勤、科研等其他管理环节中，德育的理念和方法可以渗透到各个细节，从而提升整体管理的规范性和效率性。通过强化德育管理，高校不仅可以实现德育目标的落实，还能为学校整体管理工作提供更加坚实的理论依据和实践指导，进而促进学校的长远发展与社会责任的履行。德育教育管理与高校整体管理的协同发展，是实现学校全面进步的重要路径。

（二）学生德育教育管理的内容

1. 德育教育的目标管理

高校根据外部环境和内部条件，制定出本校德育的总体目标、阶段（学年或学期）目标和层级（各部门、年级、班级）目标，并且要处理好总目标和子目标、整体目标和局部目标、长远目标和近期目标、组织目标和个人目标之间的关系，形成德育目标网络体系，对各级各类目标的完成情况进行相应的指导、督促和评价。因此，高校德育目标管理是高校德育工作成效的衡量尺度，对高校德育具有导向、激励、凝聚和评价的作用。

2.德育教育的计划管理

德育计划管理是德育管理的首要内容，是其他德育管理活动的重要基础和依据。高校根据德育目标和德育管理目标，制订周密的德育工作计划，明确各个阶段的德育工作内容、重点和要求；制订具体的德育活动计划，明确不同学习阶段德育活动的侧重点，并依据各个学习阶段的活动内容，从途径、方式、方法等方面提出要求或建议；通过检查、督促德育工作的执行情况，使德育计划落到实处。可见，德育计划管理是一项依据现实、预测未来、设立目标、计划决策，科学地配置现有德育资源的工作，使得高校德育工作获得最大成效的过程。

3.德育教育的组织管理

为了实施高校德育计划、实现德育目标，需要建立德育组织系统，加强德育组织的管理。而德育组织管理关系到德育组织的建立和运行状态，进而在一定程度上决定着德育计划的成败。德育组织管理，先要建立健全德育管理组织机构，形成一支德育工作队伍，将德育任务细致分配到全校各个部门、各个组织机构以及全体工作人员，并协调好各机构、部门之间的关系，凝聚高校内部教育力量；组织家庭、高校、社会等力量，互相配合、协作，保证德育影响的一致性；提高德育管理过程中各种资源（人力、物力、财力或时间、空间、信息等要素）的有效利用。

4.德育教育的制度管理

德育制度是学校德育工作得以顺利实施的基础和保障，是确保德育活动有序进行的重要手段。建立和健全德育管理制度，不仅涉及师生员工需要遵守的规章制度，还涵盖了高校内部德育机构的设置、德育队伍的建设以及德育资源的开发与利用等方面的规章和管理条例。德育制度管理的目标在于通过科学的制度建设，形成系统化的管理机制，确保德育工作规范化、制度化地开展。为此，学校需要构建完善的规章制度体系，并根据实际情况及时调整、修改、补充和完善这些制度，保证制度的适应性和有效性。例如，高校在制订和落实德育制度时，必须与国家教育政策、社会发展需求以及学生的个性化成长需求相结合，确保制度既有章可循，又能灵活应对变化。此外，还需要建立制度实施的监督和反馈机制，以确保德育制度能够得到有效执行。通过制度化的管理，高校可以进一步提升德育工作的质量，确保德育目标的实现，同时为培养学生的道德素养和社会责任感提供制度保障。

5. 德育教育的环境管理

德育环境是德育教育得以有效实施的重要条件，其管理涉及对内外部环境的双重建设和协调。高校外部环境包括社会的经济、政治、文化背景以及家庭、传媒等因素，这些外部环境对高校德育工作产生重要影响。为此，德育环境管理不仅需要在校内创造良好的文化和物质环境，还需要通过多种渠道与社会各界保持联系与沟通，争取各方的支持与配合。例如，学校可以通过与家庭和社区的合作，组织家长参与德育活动，或利用社会资源加强学生的社会责任感和道德观念。而高校内部环境则包括师生关系、校园文化、空间布置等，特别是校园文化传统和精神环境的建设至关重要。校园内积极的文化氛围、和谐的师生互动、科学合理的空间布局，都会对学生的思想品德发展产生潜移默化的影响。高校通过加强德育环境的管理，构建良好的校风、班风，形成和谐的教育生态，能够有效激发学生的自我认同感和道德责任感，进而推动德育目标的实现。因此，德育环境的建设既包括物质空间的营造，也强调精神文化的培育，形成综合性、多层次的德育环境体系。

（三）学生德育教育管理的重点

德育教育是高校教育教学体系的重要组成部分，是高校学生综合素养形成的前提。随着社会的快速发展，高校德育教育面临着新的挑战，在此情况下，创新传统德育教育内容与形式成为现阶段高校德育教育工作的关键。

1. 德育教育内容与形式的创新

高校德育教育必须在内容和形式上实现创新，才能适应当代学生的需求与社会发展的趋势。传统的德育教育主要依据教学大纲，教学内容以教材为主，导致学生的学习兴趣不高。为解决这一问题，高校需要以丰富多样的教育资源为基础，围绕教学大纲进行拓展，使德育内容更具时代性与代表性。例如，高校可以引入更多当代社会热点、时代前沿的议题，并结合实际案例进行教学，使学生能够感受到德育教育与现实生活的紧密联系。此外，德育教育应坚持"以学生为主体"的教学原则，鼓励学生在德育学习中发挥主动性和参与感。通过线上平台、微课、社交媒体等现代技术手段，学校可以为学生提供灵活、便捷的学习资源，合理利用学生的碎片时间，增加德育教育的吸引力和实效性。尤其在互联网时代，短视频、线上互动课程等新兴形式可以使传统的德育内容焕发新的生机。

与此同时，加强与学生之间的沟通交流也是德育教育管理中的重要一环。通过与学生的日常互动，了解他们的困惑和需求，高校可以更有针对性地设计德育课程与活动。德育教育不仅仅是理论传授，还是一种双向交流和反馈的过程。只有当教学内容与学生的现实需求紧密结合，高校德育教育才能真正发挥其应有的作用，促使学生在德育学习中获得成长和提高。因此，高校应当重视德育内容与形式的创新，以增强学生对德育学习的兴趣与参与度。

2.通过社会实践强化德育教育效果

德育教育的效果不仅依赖于课堂教学，更需要学生对德育理念的认同感作为基础。在过去的德育实践中，课堂内的理论传授往往占据主导地位，学生缺乏实际应用这些理论的机会，导致德育理念无法深入人心。为提升德育教育的实际效果，高校应当通过多样化的教学手段深化学生对德育理念的认同感。例如，采用案例分析、情景模拟等方式，将抽象的德育理念与学生的日常生活及未来社会活动紧密联系，使学生能够感受到德育教育对个人成长的重要性。同时，教师应当通过生动的讲解和互动，激发学生对德育教育的认同与共鸣。

此外，高校德育教育还需要通过广泛的社会实践来强化教学效果。社会实践不仅是对理论的检验，更是让学生在真实的社会环境中体验、思考并应用德育理念的机会。例如，组织学生参加社区服务、志愿活动等社会实践项目，可以使他们更深刻地理解道德责任与社会责任的意义，从而强化德育理念的内化与认同感。通过实践，学生不仅能增强自身的思想道德素质，还能发现德育教育中的不足，为高校德育管理的进一步优化提供反馈与依据。因此，广泛的社会实践是高校德育教育不可或缺的一部分，能够有效检验德育教育的实际效果，并为未来的德育教育改革提供方向。

二、学生美育教育管理

（一）学生美育教育管理的遵循原则

1.循序渐进原则

"美育教育是高校教育教学体系中的重点学科，这一学科对促进学生的全面成长及发展，培养学生良好的审美意识意义重大"[①]。在学生美育教育管理中，遵循循序渐进的原则尤为重要，这一原则要求教师在开展美育时，必须依据学生认知发展规律，按照从简单到复杂、由浅入深的方式逐步推进。美育本质上是一种认知的过程，学生对美的感知和理解也需要经历从感性到理性、从表象到本质的阶段。因此，

---

① 马铱蔓.艺术院校辅导员如何在学生教育管理工作中渗透美育教育 [J]. 神州，2020（22）：119.

教师在设计美育课程时，需要遵循认知的顺序，由易到难、由近及远，逐步引导学生的审美能力提升。

当前学生正处于从一个人生阶段过渡到另一个阶段的时期，这一阶段的学生大多数缺乏丰富的实践经验，思想、心理、行为正朝着成熟方向发展。然而，他们的审美观尚未完全形成，容易受到外界影响，可能会出现错误或不健康的审美观念。因而，美育教育必须从基础开始，循序渐进地提升学生的审美能力。

在美育教学初期，教师应引导学生学习欣赏社会美、艺术美、自然美等较为简单直观的美感体验，帮助他们建立健康的审美观。当学生对这些基本美育内容有了初步的理解和认同之后，再逐步引导他们发展更为复杂的审美想象力和艺术创造能力。最终，通过层层递进的教学步骤，学生将能够建立起完整、高尚的审美人格，具备更为成熟和深刻的审美判断力，这种循序渐进的美育模式不仅能够有效避免学生产生错误的审美观，还能促进其身心的全面健康发展，帮助他们在美的感知与创造中逐渐形成成熟的世界观与价值观。

2. 潜移默化原则

（1）实现美育在教育过程中的渗透。美育应渗透到教育活动的各个环节，从课堂内外的教学活动到学校的后勤管理，从教育环境的布置到校园的整体规划，无不体现着审美教育的作用。美育的目标不仅是提高学生的艺术素养，更是在促进学生品格及全面发展的过程中发挥潜移默化的作用。通过美育设计，学校能够推动教育目标的实现，开发学生的多方面潜能，进而培养其完整的人格修养。同时，美育还需关注学生在教育活动中提升的审美情趣、智力体力的协调发展，以及所获得的知识与技能。学生在接受教育的过程中，能在潜移默化中感受并欣赏美，体验创造的乐趣，从而提升内在的精神愉悦感。这种方式能有效激发学生的主动性，使他们在轻松愉悦的氛围中接受美的熏陶，并在过程中逐渐形成健全的人格，促进全面发展。

美育不仅是一种教育理念，更是一种贯穿于整个教育过程的教育艺术。学校的每一项教育活动都应当体现出美的元素，让学生在获取知识的过程中感受到美，从而以积极的态度参与到教学活动中，将其转化为一种特别的审美体验。美育通过潜移默化的方式，不断丰富学生的人格发展，使他们在学习和生活中体验到创造美、欣赏美的乐趣。

此外，美育还应当渗透到德、智、体、美、劳的全面教育之中。在体育方面，学校应倡导形体训练与审美教育相结合，将体育视为提高学生审美水平的过程。体育不仅强调运动的技术与技巧，还注重刻苦耐劳、克服困难的精神培养，强调协调优雅的动作与健美的姿态。在此过程中，学生不仅能磨炼个人意志和心理品质，还能通过体育活动感受到美的体验。在智育方面，美育与智育相辅相成。丰富的科学文化知识有助于学生更好地理解、鉴赏和创造美，培养其审美情趣与艺术修养。而通过德育活动，如文明教育、时事教育、文体活动及艺术鉴赏等内容的设置，学校可以增强德育的吸引力，使学生在德育过程中体验到审美的乐趣。劳动技能的培养也同样需要美育的融入。通过劳动技能的教育，学生不仅能掌握知识，更能养成良好的劳动习惯和劳动观念，从中感受到劳动的美。

（2）实施美育在校园文化中的贯穿。实施美育的关键途径之一是通过校园文化。校园文化以其显著的色彩特征和丰富的内涵，在高等教育中发挥着多重功能，对学生人格的塑造具有不可替代的影响。

第一，需要通过校园文化的审美性来推动学生向往崇高的人格。美育的作用在于引导学生追求和建立高尚的人格，这一过程可以通过营造健康向上的校园文化氛围来实现。学校应主动倡导和营建一种推崇科学、团结友爱、求实创新的文化环境，使学生在这种环境中能够直观地感受到并领略到美的影响。通过宣传先进集体的事迹和模范人物，学校能够有效发挥教化和激励作用。这种文化氛围不仅能够提升学校的环境和风范，还能在潜移默化中净化学生的灵魂，陶冶其思想情操，使学生在精神上得到积极的引导和熏陶。

第二，通过丰富学生的审美体验，建立良好的校园环境，使学生在日常生活中不断受到美的教化。校园环境是校园文化的重要载体，它的每一个细节都能够影响学生的审美感受。例如，干净整洁的图书馆、宽敞明亮的教室、设施先进的实验室、绿树成荫的人行道、设备齐全的体育场地，以及具有文化底蕴的人文景观，这些都能够为学生提供一个愉悦的学习和生活环境。良好的校园环境不仅能够促进学生的学习和活动，还能够在无形中增强学生的审美情趣，使他们在日常学习和生活中不断接受美的熏陶。干净整洁的校园不仅能提高学生的学习效率，还能让学生在享受美的过程中，形成积极向上的心态和良好的情操。

（二）学生美育教育管理的具体实施

高校学生美育教育管理工作的具体实施需要综合考虑学校的特点、资源和目标，以培养学生的审美素养、文化修养和创新能力为核心，实施步骤具体如下：

第一，制定美育教育发展规划。学校应制定长期和短期的美育教育发展规划，以明确教育目标和方向，这些规划应包括美育教育的总体目标、具体实施步骤、资源配置和评估机制。长期规划应涵盖美育教育的整体发展蓝图，包括预期的教育成果和长期目标；短期规划则应关注具体的行动计划和年度目标。制定规划时，学校需要明确投入的资源，如财政资金、人员配备和设施建设，确保这些资源能有效支持美育教育的实施。通过科学的规划，学校能够系统化地推进美育教育工作，实现教育目标，提升学生的美育素养。

第二，设立美育部门或委员会。设立专门的美育部门或委员会，是推动和协调美育教育工作的关键举措，该部门或委员会负责制定美育教育的政策、计划和实施方案，并对美育活动进行监督和评估，它应包括来自不同领域的专家和教育工作者，如艺术、音乐、舞蹈和文化教育领域的专业人士，以确保美育教育的全面性和专业性。该机构需要定期组织会议，协调各类美育活动，推动资源整合，解决实施过程中出现的问题，从而确保美育教育的有效开展。

第三，教育师资培训。为提升美育教育水平，学校需要为教师提供系统的美育相关培训，这些培训应涵盖艺术教育、音乐教育、舞蹈教育、文化教育等多个方面，帮助教师掌握最新的教育理论和实践技巧。培训内容可以包括美育教育的教学方法、课堂管理技巧、艺术创作与欣赏等。通过定期的专业培训，教师能够不断更新知识，提升教学能力，更好地指导学生进行美育学习，促进学生的全面发展。

第四，丰富校园文化活动。组织各种艺术展览、音乐会、戏剧演出、文化节等活动，是丰富校园文化的重要途径。这些活动能够激发学生的兴趣和参与度，提供实践和展示平台，促进学生的艺术创造力和表现力。通过多样化的文化活动，学生可以接触不同的艺术形式，拓宽审美视野，提升艺术素养。同时，这些活动还能增强校园的文化氛围，促进师生之间的互动和交流，形成积极向上的校园文化。

第五，教育资源配置。投入足够的资源是支持美育教育的基础。学校应配置必要的资金、场地和器材，以满足美育教学和创作的需要。这包括购置艺术教材、更新艺术设备、建设专门的艺术活动场所等。此外，还应考虑为学生提供必要的艺术材料和创作空间，确保他们能够充分发挥创作潜力。通过合理的资源配置，学校能够为学生提供良好的美育学习环境，推动美育教育的顺利实施。

第六，课程设置。将美育课程融入课程体系，是实现美育教育的重要环节。学校应根据学生的兴趣和需求，提供多样化的选修课程，如美术、音乐、舞蹈、戏剧等，满足不同学生的学习需求。美育课程应具有系统性和层次性，涵盖基础知识、技能训练和创作实践，帮助学生全面提升艺术素养。同时，学校应定期评估课程设置的效果，根据学生反馈和教育需求进行调整和优化，确保课程内容的时效性和适应性。

第七，学生参与。鼓励学生积极参与美育活动，是提升美育教育效果的关键。学校应组织并支持学生加入学校乐团、美术社团、文学创作团队等，提供平台让学生展示才华和创作成果。通过参与各类艺术活动，学生能够增强艺术感知和创造能力，培养团队合作精神和领导能力。学校还应定期举办艺术竞赛和展示活动，激励学生发挥创造力，提升其艺术素养和自信心。

第八，艺术家讲座和工作坊。邀请专业艺术家和文化名人来校园进行讲座和工作坊，是激发学生创作灵感和艺术兴趣的重要途径。通过与艺术家的直接交流，学生能够了解最新的艺术趋势和创作技巧，获得专业的指导和反馈。这些讲座和工作坊不仅能提升学生的艺术水平，还能开拓他们的艺术视野，激发他们的创作热情。学校应定期组织此类活动，邀请不同领域的艺术家，丰富学生的艺术体验。

第九，艺术作品展示。定期展示学生的艺术作品，能够鼓励学生分享创作成果，增强自信心。学校应设置专门的展览区域或活动平台，展示学生在美术、音乐、舞蹈等方面的创作。通过艺术作品的展示，学生能够感受到自己的努力得到认可，从而激发更多的创作热情和学习动力。展览活动还可以吸引其他学生和教职工的关注，促进校园内的艺术氛围，形成积极向上的艺术文化环境。

第十，评估和改进。建立评估体系，对美育教育工作的效果进行定期检查和改进，是确保美育教育质量的重要措施。学校应制定科学的评估标准，包括学生的艺术素养、参与度、创作成果等方面。通过对美育教育效果的评估，学校能够发现问题和不足，及时进行调整和优化，提升教育质量。定期的评估和反馈机制能够帮助学校不断改进美育教育工作，实现持续的发展和提升。

第十一，社会合作。与当地文化机构、艺术团体和企业建立合作关系，能够共同推动美育教育的发展。通过社会合作，学校可以获得更多的资源和支持，如艺术展览机会、专业讲座、资金资助等。社会合作还可以为学生提供更多的实践机会，如实习、演出、展览等，丰富他们的艺术体验。学校应积极探索与社会各界的合作模式，共同推动美育教育的普及和发展。

第十二，跨学科整合。将美育与其他学科进行跨学科整合，能够促进创新和全面学习。学校应在课程设置和教学活动中，融合美育与科学、文学、历史等学科的内容，开展跨学科的教学项目。通过跨学科的整合，学生能够在多元化的学习环境中提升综合素质，增强艺术与其他学科的关联性。这样的整合不仅能够丰富学生的学习体验，还能激发他们的创新思维和综合能力。

第十三，学术研究。鼓励教师进行美育教育的研究，推动学科的发展，是提升美育教育水平的重要途径。学校应支持和资助美育领域的学术研究，鼓励教师开展相关课题的研究和探索。通过学术研究，学校能够了解最新的美育教育理论和实践，优化教学方法和课程设置，推动美育教育的科学化发展。同时，研究成果还可以为其他学校和教育机构提供借鉴和参考，促进整个教育领域的进步。

第十四，制定奖励机制。为在美育领域表现突出的学生和教师设立奖励机制，是激励积极参与和持续努力的重要手段。学校应制定明确的奖励标准和评选程序，为优秀的学生和教师提供荣誉和实质奖励，如奖学金、证书、奖品等。通过奖励机制，学校能够激发学生和教师的创作热情和教育动力，鼓励他们在美育领域取得更大的成就。同时，奖励机制还能树立榜样，推动美育教育工作的整体提升。

三、学生心理健康教育管理

高校学生在心理上会有些困惑和问题，这时心理健康教育就可以为学生传输正确的心理健康知识，帮助学生解答生活、学习、交友以及恋爱等相关方面的疑惑，让学生可以进行自我调节，不让心理问题发展为心理疾病，让学生的身心健康得到良好的发展，高校学生心理健康的管理变得尤为重要。

（一）学生心理健康教育管理的重要性

1. 有助于提高学生综合素质

心理健康教育对提高学生的综合素质至关重要。在现代高校教育中，学生不仅需要掌握专业知识和技能，还需具备强健的心理素质，以应对学业压力和生活挑战。心理健康教育通过提供情绪管理、压力应对和自我认识的技能，帮助学生增强心理韧性，这种教育形式可以促进学生智力水平的提升，使他们在面对困难时表现出更高的适应能力和解决问题的能力。此外，良好的心理健康还助于形成健全的人格，培养积极向上的态度，从而提升综合素质，为未来的职业发展奠定坚实的基础。通过系统的心理健康教育，学生能够更好地平衡学习、生活和工作，顺利应对人生中的各种经历，为实现个人目标和社会责任做好准备。

2. 有利于让学生变得更加独立

大学阶段是学生成长和独立的重要时期。心理健康教育在这一过程中发挥了关键作用。学生通常面临从家庭环境到独立生活的转变，这一过程需要他们逐步减少对父母的依赖，学会自主解决问题和管理时间。心理健康教育能够帮助学生在适应新环境时保持心理稳定，使他们能够主动适应大学生活中的各种挑战，包括学习压力、社交互动和自我管理。通过培养自我约束和自我激励的能力，学生能够在面对生活和学习中的困难时，更加成熟和独立。这种独立性不仅提高了他们的生活能力，还增强了他们在未来职业生涯中的竞争力，使他们能够更好地适应社会的变化和要求。

3. 有助于为学生奠定坚实的心理基础

心理健康教育为学生提供了必要的心理基础，有助于他们在职业发展中取得成功。良好的心理素质是现代职业素养的重要组成部分，能够帮助学生在职场中表现出更高的自信、自律和创新能力。通过心理健康教育，学生可以培养应对压力的技巧，增强自我认知，并提高在复杂环境中的适应能力。这种教育不仅关注学生的学业成绩，还重视其在社会实践中的表现，鼓励学生参与各种实践活动，以提高其创新和实践能力。建立坚实的心理基础，使学生能够更好地面对未来的职业挑战，找到适合自己的发展路径，从而为未来的职业生涯奠定坚实的基础。这种全面的心理素质培养，为学生的长远发展和职业成功提供了重要支持。

（二）学生心理健康教育管理的实施策略

1. 构建心理健康教育队伍

高校学生心理健康教育的成效深受教育队伍素质的影响。尽管现阶段高校已设置了心理健康教育相关课程，但其实际效果仍显不足，这主要归因于教育队伍素质的不足。当前，部分从事心理健康教育的教师缺乏系统的心理学教育背景，对现代心理咨询理论与实践的掌握程度不够。为此，高校需积极采取措施构建高素质的心理健康教育队伍：首先，应定期组织针对心理健康教育教师的专业培训，确保教师掌握最新的心理咨询技术与理论，提升其教育和咨询的实际效果。这些培训可以包括心理咨询技术、危机干预技巧、心理评估方法等内容，以提高教师的综合能力。其次，必须完善心理健康教育体系，形成系统化、网络化的教育模式。高校应成立专门的心理咨询中心，提供专业的心理咨询服务，并建立有效的反馈机制，及时了解和解决学生的心理问题。最后，高校辅导员也应加强与学生的沟通，深入了解学生的心理状态，发现潜在的心理问题并进行及时的心理疏导。通过上述措施，可以逐步提高心理健康教育的实效性，确保学生在心理健康方面获得必要的支持与帮助。

2. 加大投入推进心理健康课题研究

高校在推进心理健康教育的过程中，应加大对心理健康课题的研究力度，以促进心理健康教育的理论和实践的不断进步。首先，高校应根据国家政策和实际需求，结合学生的心理健康状况，进行针对性的研究，渗透素质教育理念，帮助学生逐步适应大学环境，培养独立的人格，提高自控能力和自理能力，增强抗挫折能力，这些研究应涵盖心理健康教育的各个方面，包括心理问题的预防、干预措施、心理素质的提升等；其次，高校需将心理健康教育与思想政治教育有机结合，把握学生思想认识的发展规律，针对性地解决学生中的心理问题，调节其情绪，消除心理障碍；最后，高校应加强心理健康教育的宣传工作，借鉴医学、教育学、伦理学等领域的研究成果，扩展心理健康教育的内容与项目，探索新的教育途径。通过系统的研究与实践，可以不断丰富心理健康教育的理论体系，为学生提供更加科学和有效的心理健康支持。

3. 建立多元参与的心理健康教育机制

建立多元参与的心理健康教育机制是提升学生心理素质的重要途径。高校在这一过程中，应从文化建设入手，为学生提供良好的心理健康教育环境。首先，校园文化建设应从物质环境、制度规范、活动安排以及心理氛围等方面着手，营造积极向上的教育氛围，鼓励学生积极展示自我，增强适应能力。例如，校园内可以设立心理健康宣传栏，举办心理健康主题活动，促进学生对心理健康的关注与参与。其次，高校应鼓励学生参与各类活动，培养团队合作精神，提高人际交往能力，这些活动不仅能丰富学生的课外生活，还能帮助学生在实践中提升心理素质。心理教育和咨询部门应充分发挥作用，为学生提供专业的心理咨询服务，开展团体训练和挫折考验训练，帮助学生科学应对心理挑战，消除心理障碍。最后，家长应积极配合，与学校共同推进心理健康教育，关注子女的心理发展。总而言之，高校应将心理健康教育工作纳入重要日程，采取科学的手段，培养学生健全的人格，促进学生的全面发展。这一过程中，多元参与机制的建立，将为学生提供全方位的心理支持，确保其在心理健康方面获得充分的保障。

第三节 学生的教学内容管理

学生的教学内容管理是教育体系中的关键环节，直接关系到教学质量、学生发展与社会进步。有效的教学内容管理不仅要求对课程的合理安排，还需注重不同学科间的平衡与互动，确保学生在多元的知识体系中获得全面的素质提升。在现代教育的背景下，教学内容的管理呈现出多学科融合、知识结构多样化的趋势，数学教学、语文教学、科学教学和艺术教学等各类学科内容管理成为提升学生整体素质的重要路径。以下将从数学、语言、科学和艺术四个方面探讨教学内容管理的具体策略与实践方法。

一、数学教学管理

数学作为培养学生逻辑思维和抽象能力的核心学科，在教学内容管理中占有重要地位。数学教学管理需要在基础知识与高阶思维培养之间保持平衡，既要确保学生掌握基本的运算和理论知识，又要注重培养他们的应用能力与创新思维。当前的数学教学不再局限于传统的题海战术，而是更加重视情境教学与实际问题的解决。例如，通过将数学知识与实际生活情境相结合，如金融、数据分析、工程应用等领域，学生能够更好地理解数学的现实意义，从而激发学习兴趣与探索精神。

此外，数学教学管理还应关注个性化教学。不同学生的数学基础和思维能力存在差异，因此教学内容的设计应当因材施教。例如，针对数学基础薄弱的学生，可以提供更多的基础训练，确保他们打牢知识根基；对于具备较强数学天赋的学生，则可以设计挑战性更强的拓展内容，培养他们的逻辑推理与创造力。这种层次化的教学管理方式有助于提升整体教学效果，使每个学生都能够在数学学习中获得成长与成就感。

二、语言教学管理

语言教学是学生知识构建与思维发展的重要载体，涵盖语文、英语等多种语言科目。教学内容管理需要关注语言的应用性、文学性与文化性，确保学生既能通过语言工具进行有效沟通，又能从语言学习中获得思想深度和文化认知。语文教学内容的管理尤为重要，语文不仅是基础的沟通工具，更是文化传承的载体。因此，语文教学不仅要注重基本的听、说、读、写能力的培养，还应关注文学修养的提升，使学生通过文学作品的阅读与分析，逐步提升思辨能力与道德判断力。

在英语教学中，教师需要重视语言的全球化应用背景。传统的语法与词汇教学逐渐让位于更加注重实用性的交际教学模式。教学内容管理应增加听力、口语等实际语言使用场景，鼓励学生通过模拟对话、辩论等方式提升英语应用能力。此外，随着全球文化交流的日益频繁，教学内容中还应融入跨文化交际的相关内容，帮助学生了解多元文化，培养他们的国际视野和跨文化沟通能力。

三、科学教学管理

科学教学管理在学生的逻辑思维与创新能力培养中占据重要地位，主要涵盖物理、化学、生物等理科类课程。科学教学的核心在于让学生通过实验、观察、推理等科学方法，掌握自然规律，发展批判性思维与解决问题的能力。在教学内容管理中，科学课程不仅应注重基础知识的传授，还需通过设计多样化的实验课程，激发学生的探索欲望和动手能力。例如，在物理课程中，通过电学、光学等实验环节，学生可以更直观地理解抽象的物理概念，增强对科学原理的把握。

同时，科学教学的内容管理还应关注跨学科的融合。现代科技的发展要求学生具备综合运用各学科知识的能力。因此，教学内容可以融入更多的跨学科知识，如通过化学、生物和物理的结合，探讨能源、环境、生命等综合性问题。这种多学科融合的教学内容有助于学生形成整体的知识框架，并促进其对复杂问题的深入思考与解决能力。

四、艺术教学管理

艺术教学在学生的情感表达、审美能力与创造力培养中起到重要作用，涵盖音乐、美术、戏剧等多种形式。在艺术教学管理中，教学内容的设计应注重学生的个性发展与审美教育，帮助学生通过艺术形式表达内心情感、丰富精神世界。艺术教学的管理应确保内容多样化，既包括基础的技巧训练，如绘画技巧、音乐演奏技巧等，也包括对艺术史、艺术理论的学习与理解，使学生在掌握实践技能的同时，具备较强的理论素养与审美鉴赏力。

艺术教学的管理还需注重激发学生的创造力。在传统教学中，艺术往往被视为技能的培养，而现代艺术教育更加强调学生的个性表达与创新思维。因此，教学内容可以通过开放式的任务设计，如创作作品展览、戏剧表演等形式，给予学生充分的自主创作空间，培养他们的独立思考与创新能力。同时，艺术教学内容管理应与其他学科相结合，通过跨学科的合作，例如将美术与历史、音乐与数学结合，拓宽学生的视野与思维，提升他们的综合素质。

第四节　学生的就业管理优化

随着社会经济的迅速发展与高等教育规模的不断扩张，学生就业问题成为各方关注的焦点。就业管理在学生从校园向社会过渡的过程中扮演了至关重要的角色，直接影响到学生的职业发展和社会稳定。为了应对复杂多变的就业形势，学校需要从制度设计、职业指导、市场对接以及学生自身的职业素养提升等方面进行全面优化，确保学生在就业市场中具有较强的竞争力。下面从多个维度探讨如何有效优化学生的就业管理，提出建设性建议。

一、构建完善就业管理制度

就业管理制度是高校就业管理体系的核心支撑，优化就业管理的首要任务是建立一套科学、系统且具有针对性的制度框架。学校应根据不同学科、专业的特点，制定差异化的就业政策。不同领域对人才的需求有所不同，传统的管理模式已无法适应现代就业市场的多样性与复杂性。因此，应当结合各专业的就业特点，设立相应的就业服务指导，比如工程类学生注重技术实践能力的培养，而文科类学生则应加强语言表达与分析能力的提升。

此外，就业管理制度还需要进一步明确学生、学校和用人单位三者之间的责任和权利关系，确保各方的责任到位。学校不仅仅是提供基础教育和就业平台，还应通过制度安排保障学生能够获得个性化的就业指导与支持。与此同时，用人单位作为需求方，也应承担一定的社会责任，与高校合作，共同促进学生的职业发展。

二、加强职业生涯规划指导

职业生涯规划是就业管理的关键环节。优化学生就业管理，需要在学生入学之初便将职业生涯规划纳入教学体系，帮助学生在学业和职业之间建立清晰的联系。当前，部分高校只在学生临近毕业时才开始进行就业辅导，导致学生无法在学期间有针对性地选择课程和参与实践活动。因此，职业生涯规划的起点应前移，贯穿整个大学学习阶段。

在职业生涯规划中，个性化指导尤为重要。不同学生的职业兴趣、能力和价值观各不相同，因此应针对学生的个体差异，提供量身定制的职业规划服务。例如，学校可以定期开展职业兴趣测评、职业能力分析等活动，帮助学生认识自身的优势和不足，从而更有针对性地选择职业发展方向。此外，还应注重培养学生的职业适应能力和职业转换能力，以应对快速变化的就业市场。

三、强化就业市场对接机制

学校与就业市场的无缝对接是提升学生就业竞争力的重要保障。优化就业管理的一个关键策略是建立高效的校企合作机制，使学生的学习与市场需求紧密联系。首先，高校可以与行业领军企业、政府机构以及社会组织建立长期合作关系，定期组织校企联合活动，如实习、职业见习、项目合作等。这些合作活动不仅能够增强学生的实践能力，还能让学生在真实的工作环境中了解行业的最新动态，提前适应职场需求。其次，学校应加强就业市场的需求调研，实时跟踪不同地区、行业的就业趋势，并根据市场需求动态调整专业设置和课程内容，这种与市场需求的深度对接，不仅能够提高学生的就业率，还能提升其就业质量。学校可以建立就业信息共享平台，及时发布行业人才需求信息，为学生提供多元化的就业选择。同时，就业管理部门应定期邀请行业专家、企业高管等来校讲座或开展沙龙活动，帮助学生了解不同行业的职业发展前景和用人标准。

四、提升学生职业核心素养

在就业管理优化过程中，学生自身的职业素养提升是不可忽视的一环。除了传统的学术知识，现代职场对人才的要求更加多元化，软技能成为决定就业成功的关键因素之一。学校应通过系统的培训与实践活动，帮助学生提升沟通能力、团队协作能力、时间管理能力、创新思维以及跨文化交际能力。这些技能不仅有助于学生在招聘中脱颖而出，还能在其未来的职业发展中持续发挥作用。

同时，高校应鼓励学生积极参与校内外的各种社会实践活动，如社团、志愿服务、创业竞赛等。这些活动不仅能够丰富学生的实践经验，还能提升其解决实际问题的能力与抗压能力。此外，学校可以通过模拟面试、简历撰写指导、职业形象塑造等形式，帮助学生提高求职技巧，提升其在招聘过程中的表现。

五、推动多元化的就业渠道

随着经济全球化的发展，就业市场的边界日益模糊，高校应引导学生拓宽视野，寻找多元化的就业渠道。在国内就业市场竞争激烈的情况下，出国深造、国际组织实习、跨国企业工作等成为新的就业方向。学校应建立国际化的就业管理体系，与海外高校、跨国企业及国际组织建立合作关系，为学生提供更多的国际化就业机会。此外，随着信息技术的发展，网络平台成为学生就业的新阵地。高校可以通过与知名招聘网站、社交平台合作，帮助学生在网络求职过程中提高效率。同时，针对新兴行业的快速发展，学校还应引导学生关注如人工智能、绿色能源、数字经济等领域的就业机会，并提供相关的学习资源与实习机会。

第三章 学生管理的艺术模式构建

第一节 学生管理的既有模式分析

一、学生管理的网格化管理模式

近年来，随着网络信息技术的发展，网格化管理已经成为我国社会管理创新的一种新型管理模式。所谓网格化管理模式是指按照一定评定标准将管理对象划分为规模一致的若干网格小单元，建立起各小单元间的信息协调机制，同时利用先进的现代信息技术使各小单元高效地沟通交流，进行组织内资源全面共享，从而达到整合资源、高效管理的现代化管理理念。

网格化管理是利用网格小单元进行处理，有利于预测并及时发现问题；网格化管理通过对组织资源的统一调配，协同管理，实现对资源利用的最大化；网格化管理呈开放状，可充分调动管理对象的参与性，使管理者与管理对象深入进行问题处理，从而弥补一对多管理模式的不足；划分为各网格小单元使得信息在不同阶层和不同区域之间都可以进行无障碍传输，避免在常规管理模式中常有的盲区，有效确保了管理过程中的无缝衔接。

社会管理的组成部分就包含了高校学生管理，而高校学生管理工作的实施效果，不但能影响到高校的人才培养计划、科学研究成果、社会名誉，甚至能对实现中华传统文化的传承与科研创新功能进行保驾护航，还对于从中国实际出发，探索打造出具有中国特色的社会管理体系且具有深度影响的学理研究价值与现实意义。

高校学生网格化管理模式就是指建立在数字技术基础之上的，以单元网格管理为特征的一整套大学生管理思路、手段、组织、流程的总称。学生网格化管理模式可在不对学校传统管理体系进行剧烈变动的前提下，对高校学生管理运行体系、管理结构进行重新设计，形成管理区域内的网格小单元；通过建立及实施组织保障体系，对学生管理工作的流程和组织予以明示；运用现代信息化技术及配置先进科学器材，形成科学的管理系统。总而言之，高校学生网格化管理就是以种种信息时代的技术手段，实现对学生管理的"块""条""点"的工作管理模式，最终实现学生管理工作的立体化。

（一）网格化管理模式的现实基础

1. 现实支撑：网格化管理的概念逐渐被学界认可

自 20 世纪 90 年代以来，国外相对先进的社会管理、城市与社区管理理论相继传入国内，如分权式模式、授权式模式、市场式模式、效率驱动模式、小型化与分权模式以及公共服务取向模式等，这些管理模式给国内城市管理理论带来了诸多启发。高校是现实社会的缩影，"象牙塔"是外部社会的生动体现，基于此，本书认为，将社会管理领域有着广阔前景的网格化管理模式应用于高校学生管理实践是创新社会管理方式方法的题中应有之义，加之学界专家的诠释、论证和不断支持，为网格化管理模式在高校学生管理中的运用和推广提供了现实支撑。

2. 技术保障：现代信息技术在管理中的广泛应用

一种管理模式不能只是停留在理论的论证上，必须有其推广的技术支撑和平台保障。目前，高校管理的数字化已初见端倪，数字化校园建设已列入大多数高校常规建设的议事日程，高校校园网的数字化平台、学籍管理的云平台、教务数据管理的网络化、学生党务系统的现代化等技术不断完善并投入使用，学生管理中的信息资源共享平台不断成熟。需要指出的是，基于以上成熟经验的实践运行平台业已完备，如基础数据平台、考核评比平台、系统管理平台、手机终端平台、三维立体地图信息平台等，这些便利条件为网格化管理模式在高校的系统推广和应用提供了天然土壤和可供借鉴的实践基础。基于此，社会管理网格化模式在高校推广已经具备了前期的物质和技术保障，高校需要做的工作是如何将分割的部门管理系统进行有效的整合、科学的融入，以期实现网格管理的共有、共享、共治，切实服务于高校学生管理、常规教学和科学研究工作。

3. 实践基础：相对成熟的城市、社区网格化管理经验

网格化管理模式引入我国社会管理领域以来，在城市和社区管理领域得到了广泛应用并积累了许多成熟的经验。例如：北京东城区万米单元网格模式、河南漯河"一格四员"运作模式、宁夏石嘴山大武口区"4+6"运作模式以及山西长治"三位一体"管理模式等。另外，我国在这些相对成熟的城市网格化管理实践中也积累了较为丰

富的经验。例如：JAVAEE 平台、SSH 框技术、GIS 数据展现、Web Service 数据共享、业务流程的动态设置、后台数据库 ORACLE 系统的运用、移动终端的访问等，实现了 PC 终端和手机移动终端的数据交互，解决了 GIS、MIS、OA 技术融合的问题。在核心功能板块上，也已形成了网格地图、业务流转、公文流转、统计报表、统计分析、短信平台、专题网站、即时通信、互动直通、督促检查、手机终端、预警机制、信息共享、绩效考核等层面的技术和实践的建设，这些成熟经验和现实条件为高校学生管理中物理网格与逻辑网格的划分，"人、地、事、物、组织"等要素信息的精细化管理、全程化管理奠定了现实基础。

（二）网格化管理模式的基本内容

网格化管理的内容主要包含五个方面：一是按照科学的方法对辖区划分网格；二是基础信息的收集录入，实现信息资源的共享；三是信息平台的建设，方便管理者与群众之间的交流；四是建立民情日志，主要是负责人对网格成员的走访、巡查，将走访情况录入信息库；五是考核激励机制的完善，这是网格化管理有效运行的保障。具体见表 3-1。

表 3-1　网格化管理模式的主要内容

事项	做法
网格的划分	根据一定的标准原则，将管辖地域的人员划分成若干个网格单元，再根据划分好的网格结构，整合公共服务资源，添加服务团队，对网格内的居民进行多元化、精细化、个性化的各种服务
信息数据库的建设	通过网格管理员对辖区范围内人、地、事、物、组织等进行全面的信息采集管理，构建"网格化管理"基础数据库
服务平台的建立	建立各种网络平台和办事窗口，方便网格群众提交各类建议、诉求；网格服务队员通过各种平台、群众来访等方式，收集群众反映的问题和诉求，进入系统受理；对每件事件的受理、处理、办结以及反馈评价等情况能在平台上全面反映，并可按事件的类型、责任人、办理时间等要素进行分类查询，各级领导根据授权，可以通过平台了解办理进度、进行督办
民情日志的收录	网格负责人定期去走访群众，并记录编成日志；网格负责人对走访记录的事情进行具体的处理，如果自己无法解决，按流程进行上报处理；上级可以通过日志来督查网格服务团队的服务频率和服务质量，考核服务团队
考核系统的完善	考核主要针对办事时限、基础数据的完善、老百姓的满意率等；考核是长效机制的重要手段，要形成事事有考核、人人有考核以及责任追究机制

（三）网格化管理模式的优点分析

1.办理方便快捷

通过对网格化管理，群众只需要通过信息平台反映问题或者诉求，网格管理员统一受理，及时反馈服务结果；各种主管机构能在后台把握方向，及时把控每个环节；每个任务的处理情况快速上传平台，报告给网格管理员，以方便和群众进行互动，这样简化了流程，从而提高工作效率。

2. 快速响应

在网格化管理中，有一个独立的监督模块，实时地对整个管理流程进行相应的监察。如果出现异常情况，监察模块能迅速地作出调整，给相关机构一些调整建议。这些机构根据监察模块的建议，结合当时的实际情况，推动各部门快些响应，联动协作。

3. 资源的交叉共享

网格化管理的目的是资源共享，整合优化各类不集中的资源。例如政府在处置突发事件的应急资源调度过程中，就要对很多甚至所有部门的资料进行调用，实现不同部门的资源实时共享，使得资源利用率得到提高，对事件的处理效率也得到提升。

4. 跨部门的高效联动

网格化管理中的资源共享是在各个信息结点之间流动，呈现透明高效特征。由于业务的状态和目前的处理状况都能实时获取，使监控实施起来更有效。在这种情况下，各部门弄虚作假、互相推诿、权责不分的现象无处可逃。

（四）网格化管理模式的学理意蕴

高校学生网格化管理模式是对社会网格化管理模式的有机嫁接，是结合高校自身特点进行适量改造和创新的成果，这一模式的提出与运用是综合多学科研究的结晶，是充分萃取相关学科既有研究成果之精华，更是跨界研究的理论硕果，因而具有丰富的学理意蕴。

1. 哲学系统理论

系统论认为，人类社会是由诸多要素构成的有机整体，每个要素都在系统中发挥着不可或缺的作用，要素与要素之间以及要素与整个系统之间时刻发生着直接或间接的联系。将该理论寓之高校学生管理视域中考量，我们不难发现，高校学生管理亦是一个有机系统，其中包含着角色不同、职能各异等要素，且多种要素自身及其内部之间存在着千丝万缕、错综复杂的联系。例如，高校学生管理涉及学工管理系统、教务管理系统、团学管理系统、党务管理系统乃至后勤管理系统，这些系统定位不同，职责不同，在要素中的关系亦不同。学工系统涉及学生的日常管理，教务系统涉及学生的学业管理，团学管理系统涉及学生的社团管理，党务系统涉及学生的政治发展管理，后勤系统则涉及学生的衣食住行管理等。需要指出的是，这些系统在分工不同的前提下，并不是一个彼此隔离、相互封闭的存在，而是你中有我、我中有你的关联。学生能否入党，不仅在于考察其思想觉悟的高低，政治素质的良莠，而且要综合考查其学习成绩、日常表现、兴趣爱好乃至家庭政治背景等。基于此，学生的管理必须纳入不同的网格中，且网格间应彼此联络通畅，无缝对接，以实现对学生的整体管理、动态管理和精细管理。

2. 生态伦理学视角

生态伦理学认为，整个自然界是一个有机的整体，其中存在着多种多样的生态个体、生态种类以及生态群落，并在整个生态体系中占据一定的"生态位"，如果某个"生态位"出现缺位、错位或紊乱，势必造成生态伦理的破坏、生态环境的恶化，乃至整个生态系统的崩溃。同言之，高校学生管理亦是一个复杂综合的生态体系，校内各单位及学生等在整个体系内发挥着不同的作用，占据一定的"生态位"，并且该生态位职能具有确定性和不可替代性，一旦某个生态位出现缺失或错位，就会影响整体功能的发挥，给整个学生管理工作带来诸多不便。例如，毕业生毕业手续的办理，必须经过学生所在院系的审核、图书馆图书资料的归还、教务处学生成绩的审核、宿管单位学生退住情况的办理、财务处学生学费的清缴等多个部门、多个环节。这些环节之间是一个有机的流程，其中任何两个部门之间不能相互代替，否则就会出现功能越位、生态缺失的弊端，最终导致整个工作的被动。因此，只有将学生的管理纳入一定的网格之中，合理确定各级网格以及相应网格管理人员的职责，才能确保学生管理工作的有效开展、无缝对接和高效运转。

3. 经济产业链的维度

产业链是产业经济学的核心概念，是各个产业部门之间基于一定的技术经济关联，并依据特定的逻辑关系和时空布局关系而形成的链条式关联形态。对于一个新产品而言，生产者必须考虑该产品与上游、中游以及下游产品的关联，以及这些链条之间的横向和纵向关联，特别是其对该产品价位选定、营销策略、市场投放等的影响。基于经济产业链视域考察学生管理，我们不难发现，高校学生管理亦有其相应的上中下游问题。例如，学工部负责全体学生的整体管理，院系负责学生日常和业务管理，班主任负责某个班级的管理，任课教师则具体负责所任相关课程的管理。可见，高校学生的管理是一个层层推进、环环相扣而又紧密关系的体系。因此，只有将宏观、中观和微观的管理分别纳入不同的网格体系之中，高校才能够游刃有余，最终发挥管理的最大价值。

（五）网格化管理模式的应用实践

1.在学生党建管理中的应用

各级党政组织、各级党小组、各级网格服务团队、学生个体等是网格化管理模式的见证者与参与者，应力争构建"学生+网格单元+网格小组+各级网格长"的管理模式。具体而言，以学生宿舍为网格单元，一个单元一般为6～8人，设立一个网格小组并指派一名学生党员或入党积极分子担任网格小组长，形成三级网格小组；若干个该小组形成二级网格组，并指派教工党员担任二级网格组长；以二级教学单位为依托设立一级网格，由党总支书记担任网格组长。这种网格化管理模式打破了原有的班级建制，依据活动形式、学习形式和管理方式的不同而开展工作，例如党章学习宣传网格、红色教育实践网格、英雄事迹探寻网格等，从而实现党建工作齐抓共管、齐头并进的新格局，切实发挥党建工作凝聚人心和宣传、引导的作用。

2.在学生团建管理中的应用

高等学校是团建工作的天然港湾，将网格化管理模式寓之于团建管理，具体而言就是建立以高校团委为网络中心，以班级团支部、社团团支部、公寓或宿舍楼栋团支部及网络团支部组合起来的四大联网体系。这四大网格涵盖学生的日常学习、第二课堂活动、居住场所等领域，实现了团建工作的生活化、日常化和常态化，从而有利于发挥各个体系的功能和团建工作的开展实效。如楼栋团支部可以有效克服宿管单位重管理轻教育、重理性轻人文的倾向，从而实现学生团建管理的全天候、无空隙；网络团支部可以有效发挥网络资源共享、超越时空、实时交互等优势，从而克服应届毕业生因实习、找工作不常在学校，管理不便的矛盾，切实实现对学生的动态管理、立体管理，最大限度地保障正常的教学、科研秩序，为人才培养提供良好的环境。

3.在学生消防安全管理中的应用

高校消防安全不仅关乎师生生命财产安全，而且是教学和科研工作顺利开展的必要前提。将网格化管理模式引入高校消防管理工作不失为一种可行的路径。以各宿舍、各班级、各实验室为基础成立消防安全三级网格，具体负责本网格的安全法规学习宣传、设备检查、线路排查等常规工作；以各院系为基础成立消防安全二级网格，具体通过阅报栏、校园广播、闭路电视、校园网络等媒介进行消防安全宣传；成立专门的消防安全管理工作小组作为一级网格，负责消防安全工作的整体部署和协调，从而实现消防安全管理"横向到边、纵向到底、管理到位"。

4.在学生突发事件管理中的应用

突发事件或突发公共事件涉及领域广、涵盖部门多，因此形成统一协同的应急体制机制是当下管理领域面临的突出难题。突发事件具有不确定性、破坏性、综合性、社会性、突发性和紧急性等特性。在突发事件的爆发前、爆发后、消亡后的整个过程中，高校应用科学的方法对其加以干预和控制，最大限度地发挥管理的作用，尽量使损失降到最低。就高校学生突发事件的管理而言，网格化管理模式在事件报告、事件分析、处置对策、辅助组织制订指挥方案、预测和预警、事件的后期处理等方面具有独特的优势。在事件报告上，高校依托一线学生网格管理员，可以在第一时间，以最快速度，通过手机拍照、现场录像等方式将事件及时报送给信息中心，通过网格化管理的网格编码可以迅速获得事件位置、事件性质，同时通过数据的属性、位置，可以在现有的数据库中查找到所有相关的信息，为事件分析提供充足的信息。在处置对策与辅助指挥上，高校可以通过设立在各个楼宇的三级网格员，制定科学有效的应急方案，如分析现有的消防分布，查找最近的救援部门，分析最佳的救援路径，对道路信息进行分析，及时对道路进行疏导，等等。在此基础上，高校为指挥调度部门提供专业队伍、救援装备、医疗救护、储备物资等信息服务，从而最大限度减少损害，确保学生人身、生命及财产安全。

总而言之，高校学生网格化管理是一项复杂的系统工程，涉及面广，涵盖领域宽，这就要求我们厘清高校学生管理的特点、特质与特征，遵循管理育人的理念与原则，科学设计符合大学生成长成才要求的制度与办法，不断与时俱进，不断推进制度创新，不断研究新现象，建立新制度，解决新问题，为推动社会主义教育事业发展作出应有的贡献。

二、学生管理的书院制管理模式

书院制作为高校学生教育教学管理模式，其出发点和归宿是提高教育质量，培养优秀的人才，其本质追求是学生自由而全面地发展。教育管理的改革要以学生为本，从学生发展的角度思考问题，书院制的核心就在于坚持"以学生为中心"的教育理念。在对书院制理论研究和实践经验的梳理中可以发现，书院制与"学生的全面发展"的需要相联系，无论是书院提倡的通识教育，还是欧美大学住宿学院倡导的博雅教育，都以"全人（total person）"教育为愿景，学生在拥有专业知识的同时，还应当接受通识教育的熏陶，以更好地与社会连接。这仅依靠专业学院是很难实现的，因此将学生的专业学习与素质培养、通识教育、学生事务从管理机制上分开，前者由专业学院承担，后者由书院承担，这是学生培养的一种结构性变革。书院制教育管理是坚持以学生为中心的理念，在传承中华传统书院精神，借鉴欧美大学住宿学院形式的基础上形成的，以住宿社区为平台，统筹学生事务管理，实行导师制和混合住宿，开展通识教育和多元教育活动，为学生创造良好的学习和生活空间，促进学生全面发展的新型学生教育管理体制。

（一）书院制管理模式的现实依据

1. 社会发展对教育提出新要求

教育发展与社会的经济发展、政治文化有着密切的关联，社会发展水平制约着教育的发展进程，教育发展同时也发挥着推动社会变迁的功能。随着社会经济增长对知识的生产、扩散和应用的依赖程度进一步提高，社会进入了知识经济时代，经济发展需要优质的教育提供智力支持。国民经济和社会发展规划中将"创新"作为五大发展理念的首条理念提出来，而创新需要依托高素质人才，高素质人才的培养需要依靠优质教育来实现。当前，我国经济发展方式正从依靠要素驱动向依靠创新驱动转变，处于经济发展方式转型时期，需要培养一大批符合新型经济发展需要的创新型、复合型高素质人才，这是教育需要面对的新课题。不仅如此，随着经济全球化的进一步发展，世界各国的联系更加频繁，为了适应全球经济发展的潮流，教育应当在培养学生国际素养方面给予关注。更重要的是，我们正处于"知识时代"，在知识社会里，教育应该培养学生具有什么样的素养，以适应这个社会发展的需要，这是教育管理最应关注的课题之一。

高校在培养人才的过程中，要回应当前社会经济新常态对人才培养提出的新要求，要为围绕知识社会人才应当具备的核心素养展开教育教学改革，书院制学生管理模式就是在此情景下的一种回应。在社会发展对人才培养提出的新要求下，书院坚持专业教育与通识教育均衡发展、培养全面发展人才的教育理念。书院制通识教育的开展，让学生在学习专业知识和技能的同时，也能够获得一般的文化素养，培养学生对于社会事物的普遍性感知能力。为了让学生拥有良好的团队协作能力，能够与他人建立起良性关系，学会以恰当的方式处理解决与他人的冲突，书院在实行学生混合住宿的同时，营造良好的生活氛围，建立起一个有利于培养学生社会交往能力的环境。在教育内容方面，书院朝着多元化的方向发展，不断充实教育内容，科学的主题、生活的主题、情感的主题等都会包含其中。书院在教育方法方面，发挥生活化教育的优势，将教育内容融汇在生活中，让学生在自然而然中获得某种素养。而在教育环境方面，书院营造丰富的教育环境，发挥环境育人的作用，让学生能面对各种情景，触发内心的体悟。

2.学生主体发展提出新的要求

在教育活动中坚持学生的主体地位，充分发挥学生的主观能动性，促进学生主体自由全面的发展，也已成为教育工作者的共识。他们围绕如何培养学生的主体性、基于学生主体性的教育教学创新等问题展开了不少研究。主体的哲学意思是指对客体有认识和实践能力的人，而主体性是指人在实践过程中表现出来的能力、作用、地位，即人的自主、主动、能动、自由、有目的地活动的地位和特性。虽然在教育教学活动中应当坚持学生的主体地位，然而在教育实践中，我们会发现学生的主体地位不同程度的被忽视，存在着应然与实然之间的较大差距。长期以来，高校培养学生的目标性比较强，在教学活动中往往设置了预设性目标，将学生简单地作为知识的接受者，在教学中倾向于将静态的知识经验传授给学生，而没有很好地鼓励学生去观察和思考知识的意义和发展逻辑，忽视了学生构建知识的主体性；在学生管理方面，高校一般通过科层式学生管理组织对学生进行集体化管理，强调整齐统一的管理方式，在管理过程中多以禁止性规定约束学生，这种方格化的管理使学生的个性得不到施展，学生的主体性诉求得不到表达；在学校的文化氛围中，有些学生学习的内容以通常意义上的"有用"为主，学生的主体价值追求受制于专业技能学习带来的"利益"。

面对教育现实中学生主体发展的失落，如何让学生的主体性得以自由发展，书院制学生教育管理模式给予了回应。从书院的教育理念到具体运行，该模式都充分考虑到了学生的主体发展需要。书院制"以学生为中心"的教育管理理念，就是把学生的主体发展作为书院教育的出发点，将书院建设成有利于学生主体性生成的生态环境。学生的主体性不能依靠单纯的知识传授来获得，而是需要在各种实践活动中培育，在学生与各种事物的交互与交往中生成。书院也基于学生主体的发展实践和交往需要，通过学生混合住宿增加学生的交流，在导师制度的安排下营造学生与教师融洽的交往氛围，教师不再将学生当作知识接受的客体，而是当作构建知识的主体，进行面对面的对话。

在书院的学生管理工作中，奉行的是一种引导性的"理顺"，而不是强制约束性的"管制"，在宽松的管理环境中学生的主体诉求也能得到自由的表达，学生管理工作者也能给予积极的回应。在学生管理中，学生不是单纯的被管理客体，同时作为管理主体充分发挥主观能动的作用，书院通过让学生积极参与学生事务管理，在这个过程中学会自我管理、自我服务和自我教育，从而促进其主体性的发展。由于社会外界环境对学生影响越来越深刻，学生主体性的发展也呈现出多元化，特别是信息技术的发展推动了学生的学习从线性向非线性转变。非线性学习具有学习时间的碎片性、学习空间的多样性、学习内容的离散性、信息传递的拖拉性以及知识建构的主动性等特征。而书院制能够更好地适应这种非线性学习的转变，由于学生除了上课时间，很大部分时间都在住宿社区，书院就可以利用零散时间开展一些教育活动。适应学习空间的多样性，书院可以通过圆桌讨论、小组学习、线上信息共享等方式来实现。总而言之，书院制学生教育管理模式面对多变的外界影响，能够更加灵活地适应发展的需要，更好地促进学生主体的发展，通过提升学生的主体性，作用于学生的内心世界，让学生能够以自己的方式构建自身的知识体系和完整的自我。

（二）书院制管理模式的基本特征

1.实行导师制度，指导学生学习生活

书院实行导师制是为了更好地指导学生的学习和生活，在中国传统的书院中，和谐融洽的师生关系被广泛关注和传承。各所大学书院的导师制度可能存在差异，但一般而言，导师可以基本分为三类：一是常任导师，主要由专职辅导员担任；二是学业导师，一般由学校专业学院教师担任；三是兼职导师，他一般由具有管理经验的高年级学长或研究生担任。常任导师主要负责日常的学生事务工作，包括思想政治教育、心理咨询、生活指导等；学业导师通过学术讲座、学术沙龙、咨询导航、对话交流等方式，帮助解决学生在学习中遇到的问题，指导学生的课程作业和学术研究等；而兼职导师主要帮助学生解决学习和生活中遇到的比较细节的问题，以作为学长的角度给予帮助和建议。为了让导师对学生指导有针对性和个性化，通常一位导师带 3 ~ 5 名学生，实行导师和学生的双向选择。书院的部分导师与学生同住书院社区，经常性地接触，师生间的感情变得熟络和融洽，老师对学生了解深入，让因材施教成为现实，老师可以根据学生的个性和特质进行更加贴合的指导。在长时间的共处中，导师的一言一行也影响着学生，导师的人格魅力也在潜移默化中传递给学生，导师的学术追求也会感染着学生潜心学习。

2. 实施混合住宿，促进学生交流学习

国内高校长期是按照同学院、同专业、同班级的方式安排住宿的，这种住宿方式便于宿舍的集中管理，宿舍的结构比较稳定。为了弥补传统住宿方式存在的不足，很多书院实行了学生混合住宿。当前各大学书院实施混合住宿的具体方式不尽相同，但大部分书院实行的是同一学科门类不同专业的学生随机混合住宿。混合住宿为不同专业的学生创造了相互学习交流的环境，有利于开阔学生的学习视野，促进跨专业、跨领域的交叉学习，激发学生的创新思维和创造能力。互诘式的对话交流是学习的一种有效形式，混合住宿无疑有利于学生之间展开互诘式的对话交流。有观点认为，互诘式的使用理性可以让学生摆脱专业的假设和束缚，促进学生思维的发散与创新，使其获得广阔自由的发展。同一宿舍的同学作为一个紧密的群体，群体成员之间会产生相互影响，心理学家将这种相互影响称为同伴影响。学生混合住宿让这种同伴影响变得更加丰富多元，当学生在本专业学习中遇到困惑时，其他专业的同学带来的建议可能会帮助自己打开思路。混合住宿有利于扩大学生的交往半径，扩展人际关系网络，帮助学生学会友善地与他人相处，学会沟通时的理解和包容，更重要的是学会从不同角度去审视和思考问题。

3. 完善住宿功能，优化学生生活社区

书院制学生管理模式是以学生宿舍为载体展开的，书院一般具有完善的生活基础设施。书院制生活社区一般设有宽敞明亮的餐厅，提供营养均衡、干净卫生、口味丰富的餐饮，布置优雅的用餐环境，方便书院师生用餐。宿舍设有独立卫生间、洗漱间，有简单实用的家具，有的安装了空调和暖气，可以连接互联网，24小时供应热水和饮用水。很多书院的宿舍楼内设有自助打印机、自动洗衣机、烘干机、生活药箱等公共设施和用品。在提升书院社区教育功能方面，书院设有图书馆或图书室，为学生提供阅览和借阅服务，藏书根据书院特色不同，在专业领域方面会有所侧重，如我国香港中文大学新亚书院以弘扬中华优秀传统文化为特色，关于中华文化方面的藏书就比较丰富。书院为了拓展学习空间，开设学习室，用于学生自习，开设讨论室，方便学生交流讨论。为了丰富学生的生活，书院还设有运动健身室、文化活动室、音乐房和咖啡厅等，方便同学间的日常交往，同时学生还可以利用这些设施锻炼自己的个性和提升才华。有的书院配置导师的休息室和生活区，以便于师生间的日常交流。有的书院还建有花园或小公园，创造休闲、怡情的优美环境，也可用来举办户外活动。书院的标志建筑也成了隐性教育的素材。

4. 开展文化活动，丰富学生课余生活

丰富多彩的文化活动是书院的重要特征之一，它起到了增长学生的知识，展现学生的才艺，发挥学生的个性等作用，让学生的课余生活变得丰富和充实。梳理书院的学生文化活动，可以主要划分为三类：一类是学术文化类活动，包括学术讲座、学术沙龙、读书会、科技竞赛、校外交流等，如香港中文大学新亚书院钱宾四先生的学术文化讲座、汕头大学至诚书院的至诚·和君讲坛等；一类是文体活动，书院经常举办诸如音乐会、文艺晚会、舞蹈表演、体育运动会、诗词朗诵会等活动，学生在活动中可以充分展现自我的天赋和才华，如西安交通大学彭康书院为了增强学生的体质，还开展了集体早操等文体活动；一类是社会实践活动，书院为了增强学生的社会实践能力，开展暑期社会实践、社会调查、环境保护、户外拓展训练、公益志愿服务等活动，锻炼了学生的实践能力，同时也增强了学生的社会意识。此外，有的书院还举行师生午餐会、创意分享会等活动。为了推动学生活动的开展，书院还会制订活动计划，成立社团组织，为活动开展提供支持，不断提升活动的质量和内涵。

三、学生管理的人格化管理模式

"所谓人格化管理就是在管理过程中充分注意人性要素，以充分挖掘人的潜能为己任的管理模式"[①]。人格化管理是一种"以人为本"的管理方法，就是从管理的指导思想到具体的管理原则和方法，都是从人出发，以人为核心的管理。它的实质在于充分尊重和理解被管理者的个性和创造才能，充分调动他们的积极性、主动性、创造性，并使其更好地投入工作中去，更有效地实现组织目的。至于其具体内容，包含很多要素，如对人的尊重，充分的激励，给人提供各种成长与发展机会等。

同一所大学的学生往往有着一定的共性。例如，清华大学的学生务实严谨、北京大学的学生浪漫民主。很多大学的学生因其大学的底蕴等方面的不同，形成了不同的"学校人格化"。同一班的学生也会有一定的共性，呈现出各个班级不同的风貌，形成不同的"班级人格化"。这种状况也出现在大学宿舍里，形成"宿舍人格化"。大学校园还存在其他很多方面的人格化，这些"人格"都是从心理学角度定义的，

---

① 杨道，林怡冰. 高校学生管理工作的行与思 [M]. 天津：天津科学技术出版社，2022：60.

指的是这一类人的内涵。这一系列的人格化与大学生能否顺利步入社会，积极参与竞争，收获事业、生活有很大关系。

（一）人格化管理模式的现实意义

综合各国对新时期人才的要求可以发现，现代的人才需要更多的能力和素质，肩负了更多的使命。例如，要具有良好的社会责任感，要树立明确可行的生活目标，要具有学习能力和创新能力，要具有不断适应时代需求的能力等。上述一系列能力的培养都需要一种现代的、注重学生内涵培养的管理模式。人格化的管理模式注重对大学生内涵的培养，巩固、发扬已形成的良好的内涵，革除不好的甚至是劣质的品质，开创新的精神，这对于大学生的成长、对于大学文化的繁荣都有重要意义。

（二）"学校人格化"的管理工作

"学校人格化"的管理工作实施要从以下方面着手：一是强化规章制度的管理；二是确保良好的学习环境和学习氛围；三是形成良好的精神风貌。

"学校人格化"管理属于学生管理的高级层面，掌握着整体的动态，起着统筹、规划、指导的宏观作用。这类管理要从领导层面出发，在学校的基础设施、师资力量、学术建设等方面投入更多的人力、物力、财力，制订相关的工作计划，树立长远目标，要务实求真，不可急功近利只图表面功夫。

（三）"班级、宿舍人格化"管理实施

班级、宿舍作为学校管理的基层单位，起着非常重要的基础作用。基层人格化要从以下三个方面着手：

1. 教师、辅导员等教育工作者的人格魅力

对学生尤其是新生而言，教师、辅导员等教育工作者代表了权威，他们在自己心中形成了一种特殊的地位。学生对他们崇拜的教师、辅导员会特别尊敬并存在模仿的现象。辅导员是"班级人格化"管理的组织者、策划者、调控者和实施者，教师则是管理最主要的辅助者，这两者在"班级人格化"管理中发挥着重要作用。因此辅导员要树立良好的工作态度、生活态度和办事作风，以便更好地感染学生；教师要有严谨的治学态度，感染学生树立良好的学习态度和工作态度。教师和辅导员要给学生树立榜样，促使"班级人格化"向良好的方向发展。

2. 个别学生的人格力量

在一个班级中，总会有在领导方面有突出能力的学生，这些学生的人格力量影响着"班级人格化"。个别学生人格力量的发挥会引导、带动其他学生，对"班级

人格化"起到调动作用。但个别学生的人格力量又有积极、消极之分，积极的人格力量会对班级和其他学生起到积极的作用；反之，会带来消极的影响。因此，学生人格力量的发挥需要辅导员的控制，辅导员要把握好尺度，引导、鼓励积极人格力量的传播，化解消极人格带来的不良影响。

3."宿舍人格化"的管理

辅导员要选那些热心、负责任、宽容大度、积极为同学办事的学生担任宿舍长，用他们的能力管理宿舍，用他们的行动感染宿舍的其他学生；还要指导大家建立良好的宿舍环境，搞好宿舍卫生，形成和谐的舍友关系，创建多彩的宿舍文化等。"宿舍人格化"的形成为其他方面的人格化奠定基础，为学生的生活创造良好的环境。

第二节　学生管理模式的职能分析

一、学生管理模式的教育职能

"教育职能是高校学生管理模式的根本性职能。高校的管理目标是为社会培养出合格有用的人，高校学生管理的对象是在校大学生，教育学生是它的基本职能之一"[1]。教育包括知识教育和成长成才教育，学生管理工作所进行的教育也就是学生的成长成才教育，与教学对学生的知识教育是有明显差别的。

高校学生管理不是单纯地为了管理而管理，而是为实现国家的人才培养目标而服务的。从这个意义上讲，大学生管理的教育职能就是培养国家需要的德、智、体、美、劳全面发展的人才，管理的目的就是育人。因此，高校学生管理新型模式中的教育职能，应充分重视育人功能的发挥，突出以育人为目的和指向的管理内容。以育人为目的和指向的管理内容一方面应体现在大学生管理过程中的人力、财力、物力等资源配置的方方面面，另一方面更应体现在对大学生进行教务管理、安全管理、行为管理、群体组织管理、就业管理、资助管理等学校各部门分属管理的方方面面。这就需要在大学生管理中处理好管理与思想政治教育的关系，将大学生管理与思想政治教育有机地结合起来，自觉地遵循教育规律，重视发挥思想政治教育在帮助大

---

① 吴文静.高校学生管理与模式创新研究 [M].北京：北京工业大学出版社，2022：110.

学生树立正确的世界观、人生观和价值观方面的作用，实现科学管理和有效管理。

二、学生教学模式的管理职能

管理是一种行为，通常管理通过信息获取、决策、计划、组织、领导、控制和创新等职能的发挥来分配、协调包括人力资源在内的一切可以调用的资源，以实现单独的个人无法实现的目标。学生管理包含两个层面：一是对人的管理，即对学生个体和学生群体的管理；二是对事的管理，即对与学生相关的事务的管理。对学生的管理，主要通过教育、激励、组织等手段，让学生身心得到发展，使学生能够适应学校的学习和生活。学生管理工作的重点是对事务的管理，包括学风建设、思想政治教育、学生档案管理、学生违纪处理、突发事件处理、学生评奖评优、组织学生工作会议、制定学生工作计划等诸多方面。由于管理的内容多种多样，从活动形式上可简单归纳为学生思想品德管理、学习管理、生活管理、班级管理、学生自我管理以及学生评价等。

管理职能是高校学生管理模式的必要性职能。在高校学生管理模式中，建立健全覆盖学生日常学习生活的规章制度体系并做到依章执行是十分必要的。

三、学生管理模式的服务职能

服务职能是高校学生管理模式的基础性职能，主要是根据学生的个性化多样化的发展需求提供有针对性的辅导和服务。随着高等教育的发展，学生管理工作不再固守单纯的思想政治教育方式，开始借鉴西方国家高校学生事务的管理方式，即开始强调服务学生的职能。高校学生管理的核心在于服务，向学生提供满足其成长需求的各种服务，把教育与管理、服务结合起来，帮助其更好地学习、生活，从而实现全面发展。学生工作应为学生的学习与成长创造一定的条件，解决学生在学习、生活过程中遇到的实际问题，为其提供全方位的服务，将学生的需求作为工作的出发点和落脚点。

在国外，学生工作或者说学生事务包括招生、经济资助、专业选择、学生宿舍管理、健康服务、心理咨询、法律服务、权益保护和社会活动等多方面。许多学生事务管理的内容具有相似性和共存性，要重组它们的职能，形成新的服务体系。现在高校大都有以下服务：

（一）招生咨询服务

随着高等教育体制改革不断深入，高校招生咨询已成为高校招生工作的重要环节，是高校学生工作重要的服务内容之一。高校招生咨询工作，不仅是高校服务考生的窗口，是高校推介自身的途径和联系社会的重要纽带，也是高校引导广大考生认识本校、报考本校，最终成为本校学生的重要途径。高校要利用自身资源，努力建成一个全方位、多层次、立体型的高校招生咨询体系，为全国各地有志青年报考本校提供优质服务。

（二）学生入学指导服务

学生入学指导服务主要包括向新生及其家长宣传本校本专业的教育概况，为学生适应校园生活以及利用校园教学与生活资源提供指导，帮助新生重新寻找自己的定位，使之尽快完成角色转变，适应新的学习生活环境，为圆满完成学业奠定良好的基础。对新生的入学指导还包括为新生提供一定的心理辅导、心理测试等服务。

（三）思想道德引导服务

学生工作肩负着开展思想政治教育的重要使命。我们要通过有效途径和大家喜闻乐见的形式，开展爱国主义、集体主义和社会主义教育。进行思想政治教育要尊重思想政治教育的基本规律，要采取人性化的、软性的教育手段熏陶学生、引导学生，特别要利用重大的节日和事件，对学生进行有针对性的教育。同时，要重视大学生政治素质的培养，切实提高当代大学生参与公共生活、公共管理的意识和能力，为建设社会政治文明奠定坚实的人才基础。

（四）身心健康服务

身心健康服务包括身体健康指导和心理健康教育，除定期体检外，还要给学生提供健康知识，鼓励学生积极参加有益的文体活动，在文体活动中促进身心的成长。依托心理健康教育与咨询中心，帮助学生了解心理知识、洞察心理世界、预防心理疾病、挖掘心理潜能，从而提高心理素质，解决学生在学习和生活中遇到的各种心理问题。

（五）日常生活服务

学生不仅是受教育者，也是教育投资者和消费者。要为学生提供各种生活服务，改善生活环境，对学生社区进行物业化管理，健全社区功能，构筑集娱乐、购物、健身为一体的文化社区。我们应注重在生活上关心学生，处处从学生角度开展服务工作。如为每个学生设立校园网络账户或"一卡通"供他们实时查看自己的注册信息，学期选课情况，每门课的成绩、学分，就餐购物消费情况等，为学生的自我规划和自我管理创造条件，充分体现学生工作"以学生为本"的教育服务理念。

（六）学习指导服务

学习指导服务要注重建设优良的学风和校风，提供有利于学生学习的设施和条件，创造有利于学生学习的氛围和环境，满足学生学习方面的需求；要因材施教、因人施教，当学生出现学习方面的问题时，辅导员、班主任要进行个别指导，或指定专业教师给予帮助；要通过举办学术讲座、学习竞赛以及鼓励学生通过国家英语、计算机等级考试和职业资格证书考试等形式，调动学生的学习积极性；要教育学生学会学习，学会使用学习设施，利用好图书馆，善于使用因特网等现代手段获取知识，增强学生学习的兴趣。通过成立领导机构、设立资助奖励基金、建立科研项目管理制度、开设创新课、设置素质教育学分、建立创新实验基地、举办科技竞赛、发展学术社团等手段，建立健全领导体制、管理体制、活动体制，为学生创造开展学术研究的机会和条件，培养他们的科研能力和创新创业精神。同时，组织各种形式的活动，广泛地利用社会的力量，为学生的社会实践提供宽广的舞台。

（七）权益维护服务

为维护学生的权益服务，树立依法管理、民主管理的思想，通过合法的形式，积极反映学生的心声，维护学生的正当权益，与侵害学生权益的行为做斗争，真正成为保护学生权益的代言人。

（八）就业指导服务

为学生的就业服务，帮助学生转变就业观念，通过各种形式增强学生的就业本领，开发学生的就业潜力，实现学生从人力资源向人力资本的转变。帮助学生找到能发挥自己聪明才智的职业、规划职业生涯成为服务学生的重要内容。就业指导主要是把就业安置和职业生涯规划结合起来，成立就业指导中心，具体职能包括指导学生进行自我评价、专业定向和职业定向，提供就业信息，指导学生参加实习、实践和开设就业指导课，传授求职择业技巧，推荐介绍学生参加就业与职业交流洽谈会，组织校园招聘与面试活动，指导毕业生通过多种渠道就业和为校友服务等。

（九）经济资助服务

高等教育不是义务教育，高校实行缴费上学制度，难免让一些贫困学生面临无法上学的困境，这些学生需要获取经济资助，高校学生工作应通过提供国家助学贷款、奖学金、助学金、学费减免和扩大勤工助学的途径等方式，帮助他们克服经济困难，顺利完成学业。还可以通过开设新生入学绿色通道、开辟勤工助学渠道、建立助困基金、吸纳社会救助资金、设置各类奖学金、成立助困中心等形式，为学生提供有效的经济资助服务。

（十）后续发展服务

后续发展服务即对毕业校友的服务，包括毕业后的再教育和毕业后的再服务。毕业后的再教育包括学历教育和技能教育，学历教育包括专科升本科、本科生考研究生、硕士生攻读博士、博士进流动站做博士后等；技能教育包括毕业参加工作后的长、中、短期各类业务培训。毕业后的再服务包括留学服务和跟踪服务，留学服务包括咨询、指导、推荐和提供相关学历资料等；跟踪服务包括毕业生跟踪调查、提供技术支持、协办创业基地等。

随着高等教育大众化的发展，大学生结构发生了较大的变化，社会的进步使得他们的主体意识增强，需求和个人思想行为日益多样化。尤其是高校实行学生缴费上学，学生主体地位进一步明确。学生逐渐习惯于根据其利益来评价和要求学校的各项工作，包括学生管理工作，对交往、精神和发展需要的满足等，已经成为学校能否赢得学生信赖和支持的重要因素。这种变化要求学生工作必须从学生全面发展的实际需求出发，以学生为中心，把教育、管理融入服务之中。学生的教育、管理也是服务于人才培养，帮助和促进个体全面发展的，其最终目的都是促进学生的全面发展，离开了促进学生发展这个核心目的，教育、管理就会变得没有意义。这是一切学生工作的出发点和落脚点。教育、管理、服务是手段，三者相互糅合渗透，双向互动，促进学生全面发展是核心目标。

总而言之，高校学生管理新型模式的三种职能中，教育是管理的前提，管理是教育的手段，服务是教育与管理的有效体现。教育、管理和服务作为手段，始终体现在学生管理工作过程之中。要把教育、管理作为服务的支持和保障，在服务的观念下实施教育和管理，根据教育要求和学生成长的需要，优化学生的学习、生活环境，为学生成才、成功创造必要的条件。通过教育、管理和服务的有效整合，发挥学生的主动性，激发学生的潜在能力，从而将教育、管理和服务最终落实到促进学生全面发展的目标上来。在学生发展理论的指导下，正确认识学生工作存在的问题，处理好教育、管理、服务与学生发展之间的关系，已经成为高校学生管理变革的突破口。

第三节　学生管理模式创新的路径

一、树立正确的学生管理工作理念

树立正确的学生管理工作理念是高校创新学生管理模式的前提。根据实际情况，高校需要树立以下管理理念：

（一）树立以学生为本的管理工作理念

以人为本是一种价值观的表现形式，它把人的本质作为最重要的东西，把人作为一切工作的基础，考虑从人本身的需求出发，以实现人的价值为最终任务。放到学生管理工作中，就是要以学生为基本出发点，把学生的个人发展放在首位。主要表现在以下方面：①强调尊重学生的主体地位；②充分尊重学生的需要，把学生关心的问题和需要解决的问题当成最重要的事情来处理，满足学生的合理需要；③肯定学生的价值。在以人为本的管理理念中，学生的价值必须肯定，这是以人为本管理的基础。作为现代教育管理的一个十分重要的思想，以人为本的管理理念激发的是人的主体性和创造性的统一，强调了社会发展与个人发展的统一。

将"以人为本"的管理理念贯彻到高等学校教育实际过程中就是"以学生为本"的现代教育观。这一教育观念的基本内容就是要理解、尊重、服务、依靠和相信学生。就是要把学生这一教育服务的对象，真正作为学校工作的主体，所有的工作都围绕着学生工作这个重心开展，充分地考虑到学生的需要，并促进学生个人的发展；要把培养学生的综合素质作为衡量和评价一切学生工作成败的唯一标准，高度重视学生综合素质的提高，努力使学生的受教育经历得到个性化的发展，成为一个完整的社会人，使学生在受教育的过程中能树立起正确的人生观、世界观和价值观。

教育工作的最终目的是推动人类社会不断地延续和发展，但这一目的是通过培养社会所需要的人来实现的。因而各高校在围绕本校的发展战略构架出明确的工作理念的同时，在学生管理上应树立以人为本的理念，以学生为本，为出发点、落脚点和归宿，注重学生的个性发展。同时，在学生工作中注意管理和服务思想并重。

1. 重视学生的创新性发展和个性化发展

新形势下的学生管理工作要突出学生的主体地位，尊重学生个性的张扬与优化。全面注重学生创新意识和综合素质能力的培养，实现学生的多层次多维度的成才目标，全心全意地服务于学生的各方面，充分尊重学生在管理工作中的合理权利、主动性、积极性和创造性。具体可以通过理想信念教育，为学生进行自我选择和自我调整提供精神动力和行动指南；通过正面引导、反面惩戒来进行学生的需要诱导，即从道理上说服学生，促使学生明辨是非，权衡利弊，从而使学生正确规范自身行为，调整自己在学习、生活中的需要；通过动机激励、过程磨砺、利益驱动来进行学生的需要驱动，激发学生内在成才动力。

2. 着重体现学生的主体地位

要根据"依法治校、科学管理"的要求，一方面，明确地告诉学生，他们在学校里享有怎样的权利，在充分享有权利的同时不能忽视应尽的义务；另一方面，对学生的合法权益要予以维护，针对学生的决定，要做到程序正当、证据充足、依据明确、定性准确、处分恰当，学生对学校的处理享有陈述、申辩和申诉权，学校要有明确的程序，使他们在开放的环境中健康成长，从而建立起一种师生互动、沟通频繁的有利于学生积极主动参与管理的新机制。

3. 对学生要实行人性化管理

高校是培养和输送人才的重要阵地，始终担负着为社会培养高素质的建设者和接班人的神圣使命。在现行的高校学生管理中，管理目标的抽象化和格式化也是高校学生管理的一大弊病。高校学生管理与学校的其他工作目标是一致的，都是为社会培养人才。

人性化管理是以情服人来提高管理效率的，人性化管理风格的实质就在于充分尊重被管理者的自由和创造才能，从而使得被管理者以满足的心态或以最佳的精神状态全身心地投入学习和工作当中去，进而直接提高管理效率。人性的管理是情、理、法并重的管理，而不是放任管理，也就是我们提倡的教育人性化。对高校学生实行"以人为本"的管理模式抓住了学生管理中最核心的因素，因为学生管理就是人的管理。人的需求、人的属性、人的心理、人的情绪、人的信念、人的素质、人的价值等一系列与人有关的问题均成为管理者悉心关注的重要问题。这是高校学生管理的出发点和落脚点。

高校的基本职能之一就是为社会培养人才，大学生已经具有了成为国家栋梁的基本潜质和条件，在教育和培养的过程中，要充分调动大学生的主动性、积极性和创造性，为他们提供能激发创造性和自主创新性的氛围。而要实现这一目标，高校学生管理就必须是人性化管理，实施"以人为本"的管理模式。首先要转变教育管理观念，树立科学的人才观。切不可用一种人才模式去苛求学生，限制学生个性的发展。学生管理工作者要有着眼于未来的战略眼光和不拘一格育人的胆略。其次是要着重提高教师的综合素质，强化管理者的人格魅力。

在新形势下，主观上学生群体已经逐渐不再接受传统的高校学生管理模式，客观上高校管理所面临的形势也不能使这样一种模式维持下去。招生规模的扩大，个性培养和创新教育日益被高校所重视等，这些因素都要求高校学生管理必须抓住"学生"这一根本，转变管理理念，提高教师的综合素质，强化管理者的人格魅力。进行人本化管理，其实是对教师尤其是学生管理者提出了更高的要求。以人为本，促进高校学生管理和谐发展是时代的发展适应大学生全面发展和个性发展的必然要求。构建和谐社会、和谐校园，新时期学生的思想特点等使得以人为本的管理模式成为必然的选择。

（二）树立为学生服务的管理工作理念

当今世界，教育已经成为一种服务。世界各国的教育业都努力提高教育服务的水平和质量。对我国高校而言，这种理念需要不断推广和完善。在以人为本的教育管理模式下，必须强化将教育作为一种服务的观念。学生是学校最主要的服务对象，是教育工作的主体。学校的各项工作目标就是要为学生提供优质的教育资源和教育服务，使得整个学校构成一个完整的服务机构，为学生创造有利于学生成长成才的良好环境。学生管理工作是这个服务机构中的重要环节。

随着高等教育自费的普及，教育已经作为一种消费形式呈现在国人眼前。大学教师的主要任务是帮助学生学习知识、管理知识。教师和学生之间的关系是平等、民主的关系，必须摒弃传统的师道尊严和严格管理的思维，树立为学生服务，关心爱护学生的理念。站在学生的角度来看待学校的管理，使学校的管理模式更加适应学生的特点，让学生可以有更多自由的空间来发展个人才能。

提高教师服务学生的能力和水平，需做到以下方面：首先，高校的学生管理者应当树立服务意识，从思想上和作风上彻底改变高高在上的姿态，充分尊重学生的人格和尊严，对于学生提出的合理要求要想办法予以满足，为学生提供一个良好的学习环境，做到真正地热爱学生，发自内心地关心学生的个人成长与发展。其次，作为学生管理人员要有正确的教育思想和科学的管理理念；要有民主意识，要有兼容并包的思想，尊重学生的在学术上的不同见解和对人生的不同看法，使学生习惯学校的管理模式，乐于接受学校管理行为给他们带来的有益的熏陶，从而促进学生学识的提高和身心的健康发展。

当然我们目前的学生管理工作并不完善，无论在服务内容和服务水平上，距离这种"服务"的标准都还尚有不小的差距。这就给我国高校的学生管理工作提出了更高的要求。毋庸置疑，增强服务意识，提高学校各职能部门特别是学生管理工作人员的服务水平和基本素养，对于推动学校体制改革，建立有效的新型学生工作管理模式都是有益的。

（三）树立民主化学生管理工作理念

现代高校学生是一个具有较高素养的特殊社会群体，他们对事物的认知有着别具一格的见解，反感管理者的命令式的管理。因此当前在学生管理中我们必须强化民主观念，彰显人文管理精神。学生管理中学生的主体地位不可动摇，要做到一切为了学生、爱护学生、理解学生、尊重学生，努力营造平等、民主的育人氛围。而且要让学生在管理活动中参与管理，参与决策，从而使管理者和被管理者为实现共同的目标而奋斗。

当今社会在不断地进步和发展，大学生的思想观念、道德行为、价值取向等发生了深刻的变化，要引导学生加强自我管理，提高他们未来的生存能力和发展能力。在当今社会，高校教师既要教书育人，还要管理、指导学生，使学生养成正确的学习生活习惯，树立正确的人生观、世界观、价值观。

（四）树立"全过程"的管理工作理念

高校为强化学生的技能训练，按照教学计划，每个专业基本上均建立了校外实训基地，而目前实训基地的学生管理工作基本上属于空白。因此为填补实训基地学生管理工作的空白，高校的学生管理模式必须树立"全过程"的管理理念，即在实训基地继续对学生实行相应的管理，可从以下两个方面进行尝试：第一，要求在实训基地的学生成立临时管理机构，如组建学生临时党支部，由党支部在教师的指导下，带领学生在实训期间组织开展学生的自我管理；第二，实行实训基地的"导师负责制"，即由实训基地的技师或工程师按照一定比例对实训的学生进行技术及实践操作上的管理。高校贯彻"全过程"的管理理念具有重要的意义：一是体现了学校对学生"扶上马送一程"的殷切期望，使学生尽快适应社会；二是在延伸"服务学生"的管理理念的基础上，达到了"学生发展"的管理目的。

（五）树立服务、教育、管理一体化理念

学生工作者应先以服务者的姿态出现，树立服务意识，在情感上无疑会拉近与学生的距离，容易得到学生的信任和理解，并在实施服务过程中形成对等交流的气氛，由此产生双向互动的效果。把服务作为管理的先导表现为学生工作者树立"以学生为本"的意识，了解学生普遍关心的问题，学生迫切需要解决的问题，进而在管理过程中对症下药。

树立服务意识还体现为，为弱势群体学生服务，为他们提供奖助学金和经济援助，以解决其后顾之忧。随着高校收费制度的实行，高校中有一部分学生的家庭条件比较艰苦，不能承担大学学费，作为学生管理者要树立服务意识，关心这些困难学生，帮助他们解决经济困难。通过设立奖学金、为贫困学生申请贷款、提供勤工助学岗位、实行缓期交费制度和给贫困生发放补贴等帮助贫困生渡过难关。

我们这里讲树立以人为本的理念不是把管理抛到一边，只讲服务，而是要以学生管理为依据，在管理的支持下实施服务。在学生工作中，涉及管理的地方还应发挥出管理的功能，将管理作为服务的支撑和保障。这样既能更好地为学生提供服务，同时又能更有效率地实施管理。

为学生的成长和成才创设良好的氛围，促进学生发展，从而服务于高校培养人才的使命才是学生工作关注的重点。以学生为本，牢固树立为学生服务的理念，紧紧围绕着学生的需求，构建顺应学生发展的教育、管理和服务三位一体的学生工作体制，是学生工作可持续、协调发展的必然选择。学生规模的不断扩大，学生工作职能的不断丰富，学生事务的不断增多等导致了校级管理不顺畅，缺乏系统性与灵活性，不利于学生的全面发展。因此要树立学生工作的教育、管理、服务一体化的理念，树立以学生为本的理念。学生管理工作者被赋予了多重角色，他们既是管理者、教育者，更是学生的服务者，这就要求把教育过程、管理过程和服务过程相结合，使三者相互渗透，互相促进。

二、构建学生多元化协同管理体系

在正确的管理理念指引下，高校的学生服务体系结构是否合理、运转是否顺畅有效，直接关系到高校学生管理模式的实际执行效果。

（一）不断完善学生管理体系

高校应充分发挥学生会、社团联合会和各书院的作用。这些组织与学生有着直接的接触，他们的一些活动都可直接影响大学生的心理。因此，高校要想完善和创新新时代的学生管理模式，就应该从学校的各个组织入手，努力创建更高质量的学生群体，让他们带领其他大学生不断完善思想教育工作。要充分发挥学生会和社团联合会的主观能动性，使他们对学生产生影响。另外，在丰富校园文化的同时，要加强思想教育培训，从而帮助学校更好地完善新时代的学生管理体系。

（二）科学构建学生管理体制

基层院系学生工作管理的有效开展离不开院系领导班子的大力支持。院系学生工作管理体系建设首先要安排院系班子即专门领导全面负责学生工作管理，同时院系党政领导也要亲自抓。建立党政领导共同负责学生工作管理的领导机制，可以全面整合院系各部门的力量，使得院系教务、行政等各部门分工协调，促进基层院系学生工作管理有序开展。在院系党政领导的共同负责下，使学生工作管理既不是单纯的思想教育工作，也不是单纯的行政管理工作，而应该既是思想教育工作，又是行政管理工作。为了确保党政共同负责落到实处，可以在院系党政联席会议上单列一项学生工作管理，用以保障学生工作管理顺利、高效开展。

需要说明的是，各项工作的开展需要学校学工处发挥指导功能。同时，学校有必要赋予院系学生工作管理部门一定的行政权力和主动权，否则，仅作为与院系同级别的职能部门，其各项工作极有可能得不到有效开展，导致院系学生工作管理部门的职能与目标存在距离，从而达不到预期的管理目标。

院系基层学生工作管理必须建立在配备完善、工作得力的学生工作管理机构的基础上。长期以来，院系的学生工作管理机构虽然采取了不同的设置形式，但是无论采取哪种设置形式都必须满足学生受教育的需要，满足一定的设立条件。例如，是否适合学生全面发展，是否能使学生工作管理人员顺利开展工作，是否能够使得院系学生工作管理部门达到预期的目的。

要加强院系一级的领导和管理。在机构上，成立院系学生工作管理办公室，与学校学生工作管理处相对应，院系党政负责人共同对本院系的学生工作管理负责，院系学生工作管理办公室的常务负责人是院系党委（党总支）副书记。成员包括院系学生工作管理办公室主任、团委书记、年级辅导员等，需注意的是，院系一级的本科生学生工作管理由党委（党总支）副书记负责，而一些高校的研究生学生工作管理由党委（党总支）书记负责，那么在管理中应当由院党委（党总支）书记对全院研究生、本科生的学生工作管理负责，在具体工作中一定要统筹兼顾、理顺研究生和本科生的管理机制。

目前，由于大学生数量不断增多，事务量也在增大。虽然近年来学生工作管理组织进一步扩大，学生工作管理人员数量进一步增多，但是院系学生工作管理人员既要应付日常的学生工作管理，也要随时处理突发事件，往往有些力不从心。为此，院系学生工作管理部门应当以管理职能化、规范化为目标进行部门设置，细化管理职能，以更好地满足学生的需要。具体而言，院系层面要成立或者设立以下与学生利益相关的办公机构：

1. 成立院系资助工作办公室

在院系层面上成立院系资助工作办公室，专门负责管理院系学生的各种经济资助事务。具体职能：做好与学校的资助管理办公室的任务衔接，同时，根据本学院的专业特点与有意向资助的单位进行联络，负责资助信息的收集和发布。同时，要做好学校奖学金、助学金的发放工作，适时提供一些勤工助学岗位信息等。

2. 建立院系心理健康辅导室

当前由于经济社会快速发展，学生的心理健康问题越来越具有独特性和复杂性，当代大学生需要专门化的心理辅导。院系直接接触学生，需要成立针对各院系特点的专门的健康和发展咨询部门，配备既了解心理辅导知识也了解本院系特点的专门人员。院系层面上的心理辅导室，可以借助学校心理辅导中心的力量，为本院系的每个学生建立心理健康档案，使得院系心理辅导工作成为学校心理辅导的有效补充，同时，也能在第一时间为院系学生提供心理帮助。

3. 成立院系就业创业指导中心

在院系层面设立就业创业指导中心，其职责是利用相关学生工作管理人员的专业优势，指导院系学生制订职业生涯发展规划，为毕业生提供与专业相关的求职技能和就业信息，指导学生从事创业活动等事务。院系就业创业指导中心应加强与学校就业创业指导中心的合作，利用院系的专业优势，加强与相关企业的联系，为学生提供高质量的就业创业服务。院系就业创业指导中心要牢牢抓住就业创业服务和就业创业指导这两条主线开展工作，做到重点关注、重点服务、重点推荐，谋求整体突破，提高毕业生就业率。

（三）实现管理模式的法治化

1.加快学生管理法治化进程

加快学生管理法治化进程是实现学生管理模式法治化的前提和基础。推进管理法治化是纠正高校学生管理制度建设弊端、堵塞制度漏洞的有效手段。学校教育是对"人"的教育，对人的教育必须建立在尊重人的基础之上，而对人的尊重首先是对人的权利的尊重。长期以来，教育道德化是我们一贯坚持的教育理念。在教育过程中，权利的设置和运用常常只受道德标准的衡量与限制，而缺乏法律的规范。但在依法治国的环境下，学校与学生之间的关系已经不再是一种简单的管理者与被管理者之间的关系，而是一种对应的权利义务关系。因此，我们应当将教育关系作为一种法律关系来看待，应当将尊重受教育者的合法权益作为教育者的首要义务，在行使教育管理权时，首先考虑的不应当是如何"处置"受教育者，而应当是这样处置是否合法、是否会侵犯教育者的权利，真正将受教育者作为一个平等的法律主体来对待。这才是我们需要的符合时代发展要求、体现现代法治意识的教育理念。

高校学生管理的法治化需要管理者提高法治意识。高校管理者具有良好的法律意识是严格依法办事的重要前提，它可以促使管理者在依法行使自己管理职权的过程中，尊重和保护学生的法定权利，避免对学生的侵权。高校应该通过进行法学理论方面的专门化培训，敦促管理者自学等方式，培养管理者的法律意识，尤其是民主思想、平等观念、公正精神、法治理念等，从而自觉用法律法规来规范自己的言行，在管理工作中公正对待学生，尊重学生权利。同时，外聘一些司法工作者组成学生法律援助组织和仲裁机构，并与司法部门建立联系，协同接受各类申诉，立案处理一些案件，形成法治化的育人环境。

2.建立合理正当的管理程序

建立合理正当的管理程序是实现高校学生管理模式法治化的关键所在。在具体的管理行为中，实现法治化的重中之重在于程序。这就要求，在处分学生时要及时将处分意见送达本人，确保学生的知情权不受影响；建立听证制度，充分保证学生的知情权；建立申诉机制，使学生有一个为自己辩护的机会；建立司法救济机制，保障学生的合法权益。正当程序原则可以追溯到英国普通法传统中的"自然正义"原则。从保障学生权利和维护学生尊严的角度来看，正当程序有利于保障学生的权利，特别是涉及学生的基本权利时更是如此。另外，如果仅仅从工具性价值来理解正当程序的话，那就贬低了正当程序的价值。程序不能只是达成实体正义的手段，程序具有自身独立的价值。

3.构建科学的学生管理评价体系

构建科学的管理评价体系是实现高校学生管理法治化的重要保障。高校对学生的约束，主要依据是法律标准。特别是在学生处分问题上，道德品质评价不能作为处分学生的依据。在对学生进行处分时，要就事论事，事实清楚、程序正当、依据明确、定性准确。在此问题上，我们要改变既往惯常对问题学生进行处分的教育管理模式，发挥思想政治工作的优势，在处分前要注重对学生的不良思想倾向进行引导，在处分中要加强对学生的思想教育，调动学生主体的自我教育功能，引导学生强化社会责任感，处分后要做好后续的管理和服务，给予学生更多的人性化关怀。通过把思想教育"软件"与刚性管理"硬件"密切结合，营造良好的育人环境。另外，一直以来衡量高校学生管理好坏的重要标准是管理效率的高低，对公平、正义的维护则显得不够。确立科学的学生管理评价体系就是不仅要实现"管住人"，还要"管好人"，以德服人，以理服人，维护学生的正当合法权益。

4.构建多元的学生权益救济机制

学校对学生的严重处分，不是对学生宪法上受教育权的剥夺，而仅仅是对该学生在一个特定教育机构接受教育过程的终止，不涉及学生宪法权利的保障。因此，在构建不服处分的救济制度上，不需要考虑宪法上的救济即宪法诉讼或其他违宪审查方式的问题，但是要考虑高校对学生的管理，在很大程度上具有行政管理的味道，法律、法规、规章对高校行政处分权的行使规定了严格的条件。行政处分的法定性特征具有对行政处分实施普通法律上救济的条件。就高等学校行政处分纠纷案件而言，行政诉讼和包括教育行政复议、学生申诉制度、教育仲裁制度、调解制度等在内的非诉讼机制都是学生可以利用的权益救济方式。建立多元化的学生权益救济机制，既是以法治校的重要体现，又是避免学校陷入司法审查陷阱的必要手段。

三、拓展丰富多样的学生管理渠道

高校的在校学生能够快速接受新事物，为此，作为高校的学生管理工作者也必须适应管理客体的变化，在实际工作中创新使用多元化的学生管理工作方式方法。

（一）"多渠道"学生管理沟通方式的实施

高校要在学生参与学校学生管理的方式方法上进行大胆尝试。根据目前的实际情况，高校可通过以下方式实现学生参与学校学生管理：

第一，建立学生代表列席学生管理工作月例会的制度。高校分管学生工作的副书记或学生管理部门组织召开学生管理月度例会时，可安排有关学生代表参加会议。在参会时，学生代表可以参与有关事项的讨论，提出自己的意见或看法；对于学生代表持有不同意见的会议议题，会议不可作出决定，可由学生代表会后征求学生意见后反馈给有关部门再议。

第二，每学期不定期召开学生管理工作沟通会。以座谈会的形式进行，参与会议的人员为学校管理部门的工作人员及学生代表；会议的主要内容为听取学生代表对学校学生管理工作的意见或建议，会议对意见或建议能当场解决或答复的，要当场处理，不能及时解决的要在限定期限内答复学生。

第三，在其余时间段内，高校可通过设置学生意见收集箱、在校园网上开辟专区等方式，随时收集学生对学生管理工作的意见或建议，并答复学生。上述会议的参会学生代表可从以下方法中选其一进行确定：一是校方发布通知，明确学生代表的参会条件及参会名额，鼓励学生公开报名，依照报名顺序确定后邀请其参加会议；二是通过定向方式，指定学生参加会议；三是邀请经各系学生选举出来的学生代表参加会议；四是按照一定规则随机抽选，邀请被选中的学生参加会议。无论是哪种方式，都要保证确定参会学生代表的过程公开透明，并保证参会学生代表的"五湖四海"。

通过这样的方式，一方面可以拓展学生参与学校学生管理工作的通道；另一方面，经会议通过并确定实施的议题，由于其内容经过了学生代表广泛的民主讨论，在执行过程中，参会学生代表自然成为该决议的推动者、宣传者，从而使决议执行得更加顺利。

（二）通过高尚的校园文化引领学生管理

环境是人们赖以生存和发展的自然条件和社会条件的总和。校园文化环境是指与校园文化的形成与发展密切相关的外部条件。校园文化环境包括校园的物质环境和校园的精神环境两部分。校园的物质环境是以布局成型的姿态出现的物质环境，主要是指校容，如建筑物的布局，室外的绿化等。校园的精神环境主要是学校的传统习俗、校风、人际关系、心理氛围、文化品位及活动构成的气氛等。人的发展及才能的养成是遗传、教育、环境共同作用的结果。人不仅受他们所处的环境的影响，也在不断地改变环境。这个环境又进一步地影响他人和自己。就学校而言，这种对人的发展以及才能的养成产生影响的环境，就是校园文化环境。校园文化环境对学校的教育工作及师生员工的生活有着不可低估的作用。开展多元化的学生集体活动能够培养学生崇高的理想和高尚的道德情操，能够使学生的兴趣爱好和特长得到良好的培养和充分发挥。在一个健全的集体中，学生的不良习惯及意识也比较容易克服，因为集体的优良作风对学生思想品德的形成和发展能起到巨大的促进作用。要充分调动学生的积极性、创造性，设法激发学生的思维兴奋点，组织开展丰富多彩的集体活动，在集体活动中教育、培养每个成员的集体主义精神，通过各项活动，积极发挥和发展学生的才干及特长，使活动和教育融为一体。

四、建设多元化学生管理评价体系

为衡量高校学生管理的实际效果，需要建立一个科学合理的多元化管理评价体系，以便对高校学生管理情况进行客观公正的评价。

（一）学生管理评价主体的多元化

从学校外部来看，高校学生管理评价的主体主要包含政府即高等教育主管部门、用人单位等两个评估主体，被评估的对象均为高校。从学校内部来看，高校学生管理评价的主体则包括校领导、职能部门、系或学院等二级单位、辅导员、学生和实训基地等六个评价主体。

1.外部评价主体

教育主管部门主要关注高校的综合实力并通过高校的评估工作对学校进行全面的评估、评价，重点对学生管理模式中的素质教育、学生管理的基本情况、就业率及社会声誉等四个指标进行评价。用人单位则主要关注高校毕业生的整体能力和职业素质或职业操守，重点关注学生的综合素质指标，并可对毕业生质量和学校的社会声誉进行评价。

2.内部评价主体

作为高校的校领导，既可对所有的学生管理评价指标进行评价，又可对负责学生管理工作的中层干部及其工作业绩进行评价；实训基地应对学生在实训基地的表现情况进行评价，作为学生综合素质指标中的重要组成部分；职能部门及二级单位则可对学生的综合素质情况进行评价；二级单位与学校职能部门可以相互评价；学生可对二级单位及学校职能部门的工作情况进行评价。

（二）学生管理评价指标的多元化

鉴于高等教育部门对各高校的评估工作已经有了完善的流程、成熟的方法和健全的指标，因此在这里暂不对主管部门的评价指标进行探讨。而高校学生综合素质的评价指标可以满足用人单位的关注需要，因此下面仅对内部评价主体的评价指标设置进行探讨。

高校在设置评价指标时，要按照分层设置、全面公平的原则来确定指标设置的总体架构，同时又要兼顾阶段性操作原则，如学期考核和学年考核相结合，考虑考核指标可以实现量化考核与定性考核相结合的原则，同时兼顾各评价主体均可参与考核的原则。

由于各高校的具体情况不同，因此暂不对学生管理模式评价体系的整个评价指标设置进行详细阐述，而是将以学生为评价对象的学生综合素质的评价指标设置作为例子进行说明，以便阐述管理模式评价指标的设置思路和方法。结合高校学生在实训基地工作的时间较长、社会对高校学生的技能要求等要素，高校的学生综合素质评价指标体系应分三级设立，才能全面反映学生的思想道德素质、身心素质和专业素质。即学生综合素质的一级指标为道德、心智、技能等，在每个一级指标下再设置二级指标和三级指标。

按照上述原则，对目前执行的学生综合素质评价体系进行研究后，提出如下优化、改进建议：一是在技能考评方面，降低学生在校成绩比重（考试课成绩由 80% 的比重降低为 50% 的比重、考察课成绩由 20% 的比重降低为 10% 的比重）、增加学生在实训基地的职业技能评价（将其占比确定为 40%）；二是在心智考评方面，增加学生心理素质测评指标，以鼓励学生全面发展；三是对考核指标进行微调。

五、推行精致化的学生管理新模式

精致化管理是当前管理科学领域的一个重要思想，针对学生管理的复杂性，提出精致化管理有助于提高学生管理的整体质量，同时也是改善和提升学生管理工作效果的一项重要手段，为创新学生管理工作提供了重要思路。

精致化管理主张最大限度地减少管理所占用的资源和降低管理成本。这一思想已经广泛应用于很多管理学的领域。它在常规管理的基础上，更加强调管理内容的细节化和精细化。在提升组织整体执行能力的过程中，精致化管理是一项十分重要的手段，其实质就是将任务具体化和精细化，它是一种对战略和目标分解细化和落实的过程。在精致化管理中，组织的战略规划被贯彻落实到了管理过程中的每一个细微的环节，并且让每个环节都发挥作用。

精致化意味着精益求精。高校学生工作精致化管理就是要运用精致化理论，将高校学生管理做细。具体而言，就是能够了解每一名学生的状态，激发每位学生的潜能，使每位学生都能够找到适合自己发展的道路。要做到这一点非常不容易，因为高校学生的特点之一就是具有多样性。要做到精致化管理，需要在大学生培养的所有环节中都做到细致入微，这需要全员的参与，包括学生管理工作人员和任课教师。精致化管理是一种高度，体现在大学生培养教育的每个细节当中。

精致化管理是学生管理模式的创新。它强调学生管理工作的可持续发展，对学生和教师都提出了更高的要求，需要师生的密切配合和共同努力，从细节着眼，最终实现整体的共赢，是适应新时代要求的管理模式。高校学生精致化管理充分体现了当代高等教育改革的重要发展趋势。与以往的管理模式不同，精致化管理强调学生个性的发展，承认学生的差异性并致力于满足每一位学生的要求。

相比于传统死板的管理模式，精致化管理能够极大地调动学生的积极性和内驱力，使学生具备较强的创新能力和社会适应能力。高校学生精致化管理的最大特点在于它充分借鉴了科学管理模式，不是单方面地趋向于某一种管理方式，是注重个体差异的，强调以人为本。现在的大学生多为"00后"，与以往的大学生相比，由于他们可以接触到的信息量更大，他们的思想也更加多元化，即便是同龄的学生，即便生活与成长的环境相似，其世界观、人生观和价值观也可能迥然不同，这就给学生管理工作带来了很大的困难。以往一刀切的传统模式，如果用在现在的大学生身上，势必会遏制一部分学生个性的发展。运用精致化管理的理念，可以引导大学生追求正确的价值观，促进学生自我发展、自我服务和自我完善。

精致化学生工作管理模式需要着力坚持"以人为本"的学生管理理念，是"以人为本"理念在高校学生管理中的生动体现，它要求做到"一切为了学生、为了一切学生、为了学生的一切"，把学生放在最重要的位置上。学校的根本任务是培养对祖国、对社会有用的人才，就是培养综合素质过硬的学生，因此不管是学校的什么工作，都要以学生的培养工作为中心。要贯彻落实精致化管理，需要科学制定精致化学生管理制度，保证在整个执行的过程中做到有章可循，有章可依。

要做到制度精致、准确，针对学生管理工作中可能出现的情况做好预判，力求保证管理过程井然有序，依靠制度来管理和约束学生。

精致化管理具有特殊性，在落实精致化管理时，要加强人员队伍建设，这包括学生管理人员队伍建设和学生干部队伍建设。要充分发挥辅导员和学生干部的作用，切实了解每一位学生的情况，包括其家庭条件、行为习惯、学习能力、经济状况、个人素质、个人特长、情感状况、心理状态等，并且针对学生的具体情况进行分析，找出适合学生个体发展的合理途径，并且对他们今后的发展开展必要的跟踪调查。这个工作量巨大，因此需要培养有力的学生干部队伍来辅助辅导员和学生管理工作人员来做工作。

第四章　学生管理技能的艺术实践

第一节　学生管理过程中的沟通艺术

在高等教育的广阔舞台上，学生管理不仅是行政工作的核心组成部分，更是促进学生全面发展、构建和谐校园环境的关键环节。沟通，作为连接管理者与学生之间的桥梁，其艺术性的运用对于提升管理效能、增进师生理解具有不可替代的作用。

一、学生管理过程中沟通的原则

（一）尊重与平等的原则

尊重，作为一切交流活动的基石，是构建良好师生关系的前提。在学生管理中，这意味着管理者需具备高度的学生意识，深刻认识到每位学生都是独一无二的个体，他们拥有不同的个性特征、文化背景、学习能力及生活经历。因此，管理者应避免以高高在上的权威姿态出现，而是应当以一种包容和开放的心态，去理解和接纳学生的差异性和多样性。在具体实践中，这要求管理者在与学生交谈时，注意语言的选择，避免使用可能引发学生不适或抵触的言辞；同时，尊重学生的意见和选择，即使是面对分歧，也应以理性和平等的方式进行讨论，而不是简单地强加个人意见。

平等，则是对传统师生关系的一种革新，它要求管理者放下"管理者"的身份标签，以更加亲切、友好的姿态融入学生之中，让学生感受到自己是被视为一个平等的对话伙伴，而非被动接受管理的对象。这种平等不仅体现在言语交流上，更体现在日常的行为态度中，例如，管理者可以主动参与学生的活动，了解他们的兴趣爱好，通过共享经历来拉近彼此的距离，从而使学生更愿意敞开心扉，分享自己的想法和需求。

（二）真诚与透明的原则

真诚，是沟通中不可或缺的情感纽带。在学生管理中，真诚意味着管理者在与学生交流时，应真诚地表达自己的想法和感受，不掩饰、不夸大，更不编造事实。真诚的态度能够迅速建立起学生与管理者之间的信任基础，使学生感受到管理者的诚意和关怀，从而更愿意开放自我，参与到沟通中来。此外，真诚还体现在对学生情感的共鸣上，管理者应学会倾听学生的心声，理解他们的喜怒哀乐，用同理心去感受学生的内心世界，给予适时的安慰和支持。

透明，则是保障沟通效率和质量的关键。在学生管理中，信息的透明化要求管理者在传递信息时，必须做到清晰、准确、及时。无论是学校的政策变动、奖学金的评选标准，还是学生违纪的处理决定，管理者都应详细解释其背后的原因和逻辑，确保学生能够充分了解相关信息，减少因信息不对称而引发的误解和猜疑。此外，透明还意味着管理者应主动公开自己的工作流程和决策依据，接受学生的监督，以此增强管理的公正性和公信力。

（三）倾听与理解的原则

倾听，是有效沟通的第一步。在学生管理中，管理者应具备良好的倾听技巧，这包括耐心听取学生的意见和诉求，不打断、不偏见，通过非言语信号（如点头、保持眼神交流）鼓励学生继续表达。倾听不仅仅是为了获取信息，更重要的是通过倾听，管理者能够深入了解学生的心理状态、需求和期望，从而更加精准地把握问题的本质，为后续的决策提供依据。同时，倾听也是对学生的一种尊重，它能够让学生感受到自己的声音被重视，从而增强对管理者的信任和依赖。

理解，则是倾听的深化和升华。在学生管理中，管理者应努力站在学生的角度思考问题，理解其背后的动机和情感。这要求管理者具备一定的心理学知识和人际交往能力，能够敏锐地捕捉到学生的情绪变化，分析其背后的原因，并给予适当的回应。例如，当学生因学业压力而焦虑时，管理者不仅要倾听其抱怨，更要理解其背后的学习困难和心理压力，为其提供必要的学业指导和心理支持。

（四）积极反馈与建设性批评的原则

积极反馈，是激励学生成长的重要手段。在学生管理中，管理者应善于发现学生的优点和进步，并及时给予正面的肯定和鼓励。这种反馈不仅能够增强学生的自信心和积极性，还能够激发学生的内在动力，促使其更加努力地追求卓越。积极反馈应具体、明确，指出学生的具体表现和成就，避免空洞的赞美和泛泛而谈。同时，管理者还应根据学生的不同特点和需求，制定个性化的反馈策略，以确保反馈的有效性和针对性。

建设性批评，则是促进学生改进和发展的重要途径。在学生管理中，当学生出现错误或不足时，管理者应给予及时的批评和指导。然而，批评并非简单的指责和抱怨，而是应注重指出问题的同时提供改进建议。建设性批评应基于事实和证据，避免主观臆断和情绪化的语言；同时，批评应针对学生的行为而非人格，避免伤害学生的自尊心和自信心。在给予批评后，管理者还应关注学生的反应和情绪变化，为其提供必要的心理支持和辅导，帮助其从错误中吸取教训，实现自我成长和进步。

在学生管理这一复杂而细致的领域中，沟通艺术扮演着至关重要的角色。有效的沟通不仅能够促进师生之间的理解和信任，还能够显著提升教育管理的效率和质量。本节将深入探讨学生管理过程中的沟通策略，特别是如何运用个性化沟通、多渠道沟通、定期沟通机制以及情感共鸣等策略，以构建和谐的师生关系，促进学生全面发展。

二、学生管理过程中沟通的策略

（一）个性化沟通

个性化沟通是高效学生管理的基石。鉴于学生群体的多样性和个体差异性，管理者必须认识到，每个学生都是独一无二的，他们有着不同的性格特征、学习风格和生活背景。因此，管理者应当根据学生的具体特点，灵活调整沟通方式，以确保信息传递的准确性和有效性。

第一，识别学生特质：管理者需要通过日常观察、学生档案分析以及与学生的初步交流，来识别学生的性格倾向。例如，内向的学生往往更喜欢独处，思考问题深入，对这类学生，管理者应采取一对一的沟通方式，提供一个安静、无压力的环境，让他们有足够的时间表达自己的想法。相反，外向的学生则乐于在群体中表现自己，对于这类学生，管理者可以在小组讨论或集体活动中鼓励他们发言，分享观点。

第二，适应沟通风格：除了考虑学生的性格特点外，管理者还需注意学生的沟通风格。有些学生可能偏好直接、简洁的交流，而另一些则更喜欢细腻、富有情感的沟通。对于前者，管理者应直接明了地传达信息，避免冗长的解释；对于后者，则可以通过故事讲述、情感分享等方式，增强沟通的亲和力。

第三，尊重个体差异：在个性化沟通的过程中，最重要的是要尊重每个学生的个体差异，避免用统一的标准去衡量和要求所有学生。管理者应当展现出开放和包容的态度，鼓励学生按照自己的节奏和方式表达，从而建立起基于相互尊重的沟通基础。

（二）多渠道沟通

随着信息技术的飞速发展，学生获取信息的渠道日益多样化。为了更有效地与学生沟通，管理者必须充分利用各种沟通工具，构建一个全方位、多维度的沟通网络。

第一，电子邮件与社交媒体：电子邮件作为一种正式、便捷的沟通方式，适合传达重要通知、政策文件等。管理者应确保邮件内容清晰、准确，同时鼓励学生回复确认，以保证信息的准确传达。社交媒体平台，如微信、微博等，因其即时性和互动性，成为与学生日常沟通的良好渠道。管理者可以通过创建班级群组、发布动态等方式，及时分享学习资源、活动信息，同时收集学生的反馈和建议。

第二，面对面会议：尽管数字沟通工具便捷高效，但面对面的沟通仍然是建立深层次联系不可或缺的方式。管理者应定期安排与学生的一对一或小组会谈，直接听取学生的意见和诉求，解决他们在学习和生活中遇到的问题。这种直接的沟通方式有助于建立信任，加深师生之间的情感联结。

第三，创新沟通平台：为了满足不同学生的需求，管理者还可以探索创新沟通平台，如在线论坛、虚拟教室等。这些平台不仅能够打破时间和空间的限制，还能激发学生的参与热情，促进知识的共享和讨论。

（三）定期沟通机制

建立定期沟通机制，是确保学生管理工作持续、有序进行的关键。通过固定的沟通渠道和时间安排，管理者可以系统地跟踪学生的成长轨迹，及时发现并解决问题。

第一，班会制度：班会是班级管理的核心环节，也是师生沟通的重要平台。管理者应定期组织班会，讨论班级事务，分享学习心得，同时鼓励学生提出问题和建议。班会的形式可以多样化，如主题演讲、小组讨论、角色扮演等，以激发学生的学习兴趣和创造力。

第二，师生座谈会：除了班会外，管理者还应定期举行师生座谈会，邀请不同年级、不同专业的学生代表参加。这种座谈会旨在为师生提供一个更广阔的交流平台，讨论学校政策、教学改革等宏观议题，同时也为学生提供一个直接向管理层反映问题的机会。

第三，反馈与评估：定期沟通机制还应包括对学生学习、生活状态的定期反馈和评估。管理者应通过问卷调查、个别访谈等方式，收集学生对教学、管理等方面的意见和建议，及时调整管理策略，优化教育环境。

（四）情感共鸣

在学生管理中，情感共鸣是沟通艺术的高级境界。通过分享个人经历、表达对学生成长的期待，管理者可以拉近与学生的距离，使沟通更加深入和有效。

第一，分享个人经历：管理者可以适时地分享自己的成长经历、学习挑战和克服困难的过程，以此激励学生面对困难时保持积极态度。这种真诚的分享不仅能够增强学生的共鸣，还能让学生感受到管理者的亲和力和可信度。

第二，表达期待与鼓励：每个学生都渴望得到认可和鼓励。管理者在与学生沟通时，应明确表达对学生的期望和信任，肯定他们的努力和成就。这种正面的反馈能够激发学生的内在动力，促进他们的自我成长和进步。

第三，倾听与理解：情感共鸣的核心在于倾听和理解。管理者在与学生沟通时，应全神贯注地倾听他们的想法和感受，展现出同理心和关怀。通过积极的倾听，管理者可以更好地理解学生的需求和困惑，为他们提供更有针对性的帮助和支持。

三、学生管理过程中沟通的技巧

沟通技巧是沟通艺术的核心组成部分，它直接关系到沟通的效果与效率。在高校学生管理中，掌握并运用好沟通技巧，能够显著提升管理效能，增进师生之间的理解和信任。

（一）清晰表达

清晰表达是沟通的基础，它要求教育者在与学生交流时，使用简洁明了的语言，避免专业术语或复杂句式。高校学生的知识背景和专业领域各不相同，过度专业化的语言可能会造成理解障碍，甚至引发学生的抵触情绪。因此，教育者应尽量采用通俗易懂的语言，确保信息准确无误地传达给学生。

在清晰表达的过程中，还需要注意语言的逻辑性和条理性。教育者应事先梳理好要传达的信息，按照重要程度或逻辑关系进行排列，避免信息混乱或遗漏。同时，教育者还应关注学生的反馈，及时调整自己的表达方式，以确保信息的有效传递。

此外，清晰表达还包括对语气和语速的把握。教育者应以平和、亲切的语气与学生交流，避免过于严厉或冷淡的言辞。同时，语速也应适中，既不过快也不过慢，以便学生能够跟上教育者的思路，更好地理解所传达的信息。

（二）开放性问题

提出开放性问题是鼓励学生深入思考、激发其创造力的有效手段。与封闭性问题相比，开放性问题能够引导学生从多个角度思考问题，提出自己的见解和解决方案。例如，"你觉得怎样可以改进？"这样的问题能够激发学生的主动性和创造性，而"你同意这个方案吗？"则可能限制学生的思考范围，使其只能作出简单的肯定或否定回答。

在教育管理中，开放性问题有助于教育者了解学生的真实想法和需求，从而制定更加贴近学生实际的管理策略。同时，通过回答开放性问题，学生也能够锻炼自己的思维能力和表达能力，为未来的学习和生活打下坚实的基础。

为了提出有效的开放性问题，教育者需要具备一定的洞察力和预见性。他们应关注学生的日常表现和学习状态，及时发现潜在的问题和需求，然后有针对性地提出问题，引导学生进行深入思考。此外，教育者还应给予学生充分的思考和回答时间，不要急于打断或给出自己的答案，以免抑制学生的积极性和创造性。

（三）非言语沟通

非言语沟通是沟通中不可或缺的一部分，它包括肢体语言、面部表情、语调等多个方面。在教育管理中，非言语沟通往往比言语更能传达情感和态度，对沟通效果产生重要影响。

肢体语言是非言语沟通的重要组成部分。教育者应保持自然、得体的肢体动作，避免过于夸张或僵硬。例如，在与学生交谈时，教育者可以适当地点头、微笑或做出手势，以表达自己的关注和认同。这些肢体动作能够营造积极的沟通氛围，使学生感受到教育者的真诚和友善。

面部表情也是非言语沟通的重要一环。教育者的面部表情应真实、自然，能够准确反映自己的情感和态度。例如，当学生取得进步或提出有价值的建议时，教育者可以露出欣慰或赞赏的表情，以激励学生继续努力。相反，当学生犯错或遇到困难时，教育者则应保持严肃而关切的表情，以表达自己的理解和支持。

语调在非言语沟通中也起着重要作用。教育者应注意自己的语调变化，使其与所传达的信息和情感保持一致。例如，在表达肯定或赞赏时，教育者可以采用温和、愉悦的语调；而在表达批评或警告时，则应采用严肃、坚定的语调。通过合理的语调变化，教育者能够更加准确地传达自己的意图和情感，增强沟通的效果。

（四）有效倾听

有效倾听是沟通中的关键技能之一。它要求教育者在与学生交流时，不仅要听学生说什么，还要观察其非言语信号，如表情、姿态等，以全面理解学生的真实意图和情绪状态。

有效倾听需要教育者保持高度的专注力和耐心。在与学生交谈时，教育者应全神贯注地倾听学生的发言，不要打断或急于给出自己的意见。同时，教育者还应通过点头、微笑等肢体动作和面部表情来回应学生，以表达自己的关注和认同。

除了听学生说什么之外，教育者还应关注学生的非言语信号。例如，学生的表情、姿态、语速和语调等都能够反映其内心的真实想法和情绪状态。通过观察这些非言语信号，教育者能够更加准确地理解学生的意图和需求，从而作出更加恰当的回应。

有效倾听还需要教育者具备一定的同理心和包容心。在与学生交流时，教育者应设身处地地理解学生的感受和处境，不要轻易否定或批评学生的观点。即使学生的观点与自己相悖或存在错误，教育者也应以平和、友善的态度进行引导和纠正，以维护学生的自尊心和积极性。

（五）确认与总结

确认与总结是沟通结束前的重要环节。它要求教育者在与学生交流结束时，简要总结讨论要点，确认双方对信息的理解一致，以避免后续误解。

确认与总结有助于巩固沟通成果，确保双方对讨论的内容达成共识。在总结时，教育者应准确概括双方的观点和意见，并强调共识和分歧所在。同时，教育者还应询问学生是否有遗漏或误解之处，以便及时补充和纠正。

通过确认与总结，教育者还能够评估沟通的效果和效率。如果发现学生在理解或接受信息方面存在困难或偏差，教育者应及时调整自己的沟通方式和策略，以提高沟通的效果。同时，教育者还应关注学生的反馈和意见，以便不断改进自己的沟通技巧和管理方法。

四、学生管理过程中不同情境下的沟通

在不同的情境下，学生管理者需灵活运用沟通技巧，以适应学生多样化的需求和挑战。

（一）学业指导

学业成就是衡量学生发展水平的重要指标之一，对于学习成绩不佳的学生，沟通的艺术在于激发其内在动力，帮助其克服障碍。首先，采用鼓励和支持的态度至关重要。学生管理者应避免简单的批评指责，转而以积极正面的语言肯定学生的努力和进步，哪怕这些进步看似微不足道。这种正面激励能够增强学生的自信心，为

其后续的学习动力奠定基础。其次，具体分析学习障碍是制定有效干预措施的前提。管理者应与学生一起深入分析成绩不佳的原因，是学习方法不当、时间管理混乱，还是基础知识薄弱、学习兴趣缺乏等。通过细致的剖析，可以精准定位问题所在，为后续的策略制定提供依据。再次，共同制定改进计划是学业指导的核心环节。这一计划应具体、可行，包括短期目标和长期愿景，同时明确每一步的实施步骤和时间节点。管理者需要与学生保持密切沟通，确保计划的实施既有挑战性又不失可行性，从而激发学生的学习主动性。最后，定期检查进度并给予正面反馈是确保计划落地的关键。通过定期的进度回顾，可以及时调整策略，解决实施过程中遇到的新问题。同时，正面反馈能够强化学生的成功体验，使其感受到进步的喜悦，进一步激发学习动力。

（二）心理健康支持

随着社会竞争的加剧和学业压力的增大，高校学生的心理健康问题日益凸显。面对有心理困扰的学生，管理者首先需展现出高度的同理心。这意味着要设身处地理解学生的感受，以非评判性的态度倾听其诉说，为学生提供一个安全、无压力的倾诉环境。这种情感上的支持本身就是一种治疗，有助于学生缓解紧张情绪，增强自我认知。

在必要时，引导学生寻求专业心理咨询是不可或缺的。管理者应熟悉校内外的心理咨询服务资源，能够迅速为学生匹配到合适的咨询师。同时，向学生说明寻求专业帮助的重要性，消除其对心理咨询的误解和偏见。

此外，保持与家长的适当沟通，形成家校支持网络，对于学生的心理健康维护同样重要。管理者应尊重学生的隐私权，在征得学生同意的前提下，与家长分享学生的基本情况和改善建议，共同为学生的心理健康保驾护航。

（三）职业规划

职业规划是学生从校园走向社会的重要准备。在指导学生进行职业规划时，管理者应基于学生的兴趣、能力和市场趋势，提供个性化的建议。这要求学生管理者具备一定的行业知识和市场敏锐度，能够为学生分析不同职业的发展前景，帮助学生明确自己的职业定位。

鼓励学生探索多种可能性是职业规划指导中的重要原则。管理者应引导学生拓宽视野，不拘泥于传统职业路径，勇于尝试新领域、新岗位。通过实习、兼职、志愿服务等多种方式，学生可以积累实践经验，增强职业竞争力。

此外，传授求职技巧也是职业规划指导的重要内容。管理者应向学生介绍简历撰写、面试准备、职场礼仪等方面的知识，帮助学生提升求职过程中的自我展示能力，从而增加成功就业的机会。

（四）团队合作与领导力培养

团队合作与领导力是学生未来职业生涯中不可或缺的能力。通过组织团队项目、社团活动等形式，管理者可以为学生提供实践团队合作和领导力的平台。在此过程中，管理者应扮演引导者和协调者的角色，既要确保活动的顺利进行，也要关注学生的个人成长。

教授团队管理和领导力技能是管理者在团队合作中的重要任务。通过理论讲解、案例分析、角色扮演等方式，学生可以学习到如何有效沟通、协调资源、解决冲突等团队管理技能。同时，通过担任团队领导或项目负责人的角色，学生可以锻炼自己的领导力，学会在团队中发挥自身优势，引领团队达成共同目标。

在团队合作中，解决冲突是不可避免的挑战。管理者应教会学生识别冲突的根源，采用建设性的方式处理矛盾，如通过协商、妥协、寻求第三方意见等途径，确保团队的和谐与高效。

第二节　学生管理过程中的领导力作用

在高等教育体系中，学生管理不仅是维护校园秩序、促进学生发展的关键环节，更是培养学生综合素质、塑造未来社会栋梁的重要途径。而学生管理过程中的领导力，作为推动这一复杂系统高效运行的核心动力，其重要性不言而喻。

领导力通常被理解为一种能够激发他人潜能、引导团队或组织向共同目标前进的能力。在学生管理中，领导力体现为管理者（包括教师、辅导员、学生干部等）通过有效沟通、决策制定、激励与榜样作用，影响并带动学生群体积极参与学校活动，实现个人与集体的共同成长。

一、学生管理过程中领导力的特征

（一）影响力：以身作则，激发潜能

影响力是领导力最为直观的表现之一。在高校环境中，领导者的影响力主要体

现在其能够通过自身的言行举止，对学生产生深远的影响。这种影响并非简单的命令与服从，而是建立在信任、尊重和认同基础之上的。优秀的领导者会以身作则，成为学生的楷模，他们的每一个举动、每一句话语，都能在学生心中激起强烈的共鸣。

例如，一位敬业乐群的教授，他对学术的热爱和追求，会无形中感染到他的学生，激发他们对知识的渴望和对学术研究的兴趣。这种影响力是潜移默化的，它能够在不经意间改变学生的思想观念，引领他们走向更加光明的未来。

（二）前瞻性：洞察先机，引领潮流

前瞻性是领导力的另一个重要特征。在快速变化的高校环境中，领导者必须具备敏锐的洞察力和预见性，能够准确把握学生发展的趋势，提前进行规划和布局。这不仅要求领导者对当前的教育形势有深刻的理解，更需要他们具备开阔的视野和创新的思维。

例如，随着信息技术的迅速发展，在线教育逐渐成为高等教育的重要组成部分。具有前瞻性的领导者会敏锐地捕捉到这一变化，及时调整教学策略，推动学校在线教育资源的建设和优化，从而确保学生在新的教育环境下能够获得更加优质的学习体验。

（三）决断力：临危不乱，果断决策

在高校学生管理的过程中，领导者常常需要面对各种复杂和突发的情况。这时，决断力就显得尤为重要。优秀的领导者能够在关键时刻保持冷静，迅速分析问题的本质和利弊得失，作出合理且有效的决策。

例如，在面对学生突发事件时，如校园安全事件或学生心理健康问题，领导者需要迅速作出反应，调动各方资源，确保问题得到妥善解决。这种决断力不仅能够维护校园的和谐稳定，更能够保障学生的切身利益和安全。

（四）包容性：海纳百川，有容乃大

在多元化的高校环境中，包容性是领导者必备的一种品质。它要求领导者能够尊重和理解不同背景、观点和个性的学生，为他们创造一个公平、开放和包容的学习环境。这种包容性不仅有助于促进学生的全面发展，更能够增强团队的凝聚力和向心力。

例如，在组建学生团队或开展课外活动时，领导者应该鼓励不同专业的学生积极参与，充分发挥他们的特长和创意。同时，领导者还应该关注到少数群体和弱势群体的需求，为他们提供更多的支持和帮助，确保他们能够在校园中获得平等的发

展机会。

（五）发展性：持续学习，共同进步

发展性是领导力中不可或缺的一环。它强调领导者应该重视自身及团队成员的持续学习与成长，通过不断的学习和实践，提升团队的整体能力和竞争力。这种发展性不仅有助于领导者更好地应对未来的挑战，更能够为学生树立榜样，激励他们不断追求卓越。

例如，领导者可以定期参加专业培训或学术研讨会，及时更新自己的知识体系和教育理念。同时，他们还可以鼓励团队成员积极参与各种实践活动和创新项目，通过实践锻炼提升自己的综合素质。这种持续学习和共同进步的氛围，将为高校培养出更多优秀的人才奠定坚实的基础。

二、学生管理过程中领导力的意义

在高校这一知识与智慧汇聚的殿堂，学生管理不仅是日常运营的重要组成部分，更是塑造学生品格、促进其全面发展的关键环节。在这一过程中，领导力的发挥扮演着不可或缺的角色，它不仅关乎管理效能的提升，还深刻影响着学生的成长以及校园文化的构建。下面从提升管理效能、促进学生成长、构建和谐校园文化三个方面，详细阐述学生管理过程中领导力的意义。

（一）提升管理效能

1. 明确目标

领导力强的管理者能够清晰设定学生管理的短期与长期目标，确保所有活动围绕中心任务展开，提高管理效率。在学生管理领域，目标的明确性是决定管理成效的首要因素。领导力强的管理者，凭借其深远的洞察力和战略眼光，能够准确识别学生发展的阶段性需求，进而设定既符合教育规律又贴近学生实际的短期与长期目标。这些目标不仅涵盖了学业成绩、行为规范等基本层面，还延伸至创新能力、团队协作等更高层次的能力培养。通过定期评估与调整，确保每一项管理措施和活动都紧密围绕这些中心任务展开，有效避免了资源的浪费和行动的盲目性，从而显著提升了管理效率。

2. 优化资源配置

通过合理调配人力、物力资源，确保学生管理活动的顺利进行，同时促进资源的有效利用。高效的学生管理离不开合理的资源配置。领导者需具备高度的资源意

识和管理智慧，能够根据学生管理工作的实际需要，科学规划人力资源的分配，如合理安排辅导员、班主任及学生组织的工作职责，确保每位成员都能在最适合的岗位上发挥最大效能。同时，对于物力资源的调配，如教学设施、活动场地等，也需做到精打细算，既满足学生活动的需求，又不造成不必要的闲置或浪费。通过这样精细化的管理，不仅保障了各项学生管理活动的顺利进行，还促进了学校整体资源的可持续利用。

3.强化执行力

领导者的权威与魅力能够增强团队成员的执行力，确保政策、规章制度的有效落实。领导者的权威并非简单的权力展示，而是基于其专业能力、人格魅力和公正无私的工作态度所赢得的广泛尊重。在学生管理中，这种权威与魅力是推动政策、规章制度有效落实的强大动力。领导者通过以身作则，展现对规则的严格遵守和对工作的热情投入，能够激发团队成员的认同感和执行力，使得每一项管理措施都能得到积极响应和高效执行。此外，领导者还善于运用激励机制，表彰先进，鼓励后进，进一步增强了团队的凝聚力和执行力。

（二）促进学生成长

1.激发潜能

领导者通过鼓励、指导，帮助学生发现并发展个人兴趣与特长，提升其自信心与自我价值感。每个学生都是独一无二的个体，拥有不同的潜能和天赋。领导者在学生管理中的重要任务之一，就是发现并激发这些潜能。通过组织丰富多彩的课外活动、兴趣小组和竞赛项目，为学生提供展示自我、挑战自我的平台。同时，领导者还会给予个性化的指导和支持，鼓励学生勇于尝试，不怕失败，帮助他们在探索中发现自己的兴趣和特长，进而培养起自信心和自我价值感，为未来的学习和生活奠定坚实的基础。

2.培养责任感

通过赋予学生适当的责任与任务，培养其责任感与担当精神，为未来社会生活奠定基础。责任感是现代社会对人才的基本要求之一。在学生管理中，领导者通过精心设计的学生自治项目、志愿服务活动等，为学生创造承担责任的机会。这些任务不仅让学生体验到作为集体一员的使命感和荣誉感，还促使他们在实践中学习如何负责任地完成任务，处理遇到的问题，从而逐步培养出强烈的责任感和担当精神。这种经历对于学生未来步入社会，成为有责任感的公民具有不可估量的价值。

3. 社交技能提升

在团队合作与集体活动中，领导者引导学生学会沟通协调，增强人际交往能力。良好的社交技能是个人成功和社会适应的关键。领导者通过组织团队项目、小组讨论等形式多样的集体活动，为学生提供了锻炼社交技能的舞台。在这些活动中，学生需要学会倾听他人意见、表达自己的观点、协调不同意见以达成共识，这些过程无疑锻炼了他们的沟通协调能力。同时，通过共同面对挑战、解决问题，学生之间的友谊和信任得以加深，人际交往能力也得到了显著提升。

（三）构建和谐校园文化

1. 价值观引领

领导者通过传播正能量，弘扬社会主义核心价值观，营造积极向上的校园文化氛围。校园文化是学校精神风貌和价值取向的集中体现。领导者作为校园文化的塑造者，通过言传身教，积极传播正能量，弘扬社会主义核心价值观，引导学生树立正确的世界观、人生观和价值观。通过举办主题讲座、文化节庆、道德讲堂等活动，不仅丰富了学生的精神文化生活，还营造了一种积极向上、健康向善的校园文化氛围，为学生提供了良好的成长环境。

2. 增进师生互信

良好的领导力能够促进师生之间的有效沟通，建立基于尊重与理解的师生关系，增强校园凝聚力。师生互信是教育活动的基石。领导者通过定期召开师生座谈会、开展问卷调查等方式，主动倾听学生的声音，了解他们的需求和困惑，并及时给予反馈和帮助。同时，鼓励教师采用更加开放和包容的教学态度，尊重学生的个性差异，理解他们的成长烦恼，从而建立起一种基于尊重与理解的师生关系。这种互信关系的建立，不仅提高了教学质量，还增强了校园的凝聚力，促进了师生共同成长。

3. 冲突调解

面对学生间的矛盾与冲突，领导者能够公正介入，通过调解促进双方和解，维护校园和谐。

校园生活中难免会出现学生间的矛盾与冲突。领导者在此时需扮演好调解者的角色，以公正、客观的态度，及时介入并妥善处理这些问题。通过耐心倾听双方意见，分析矛盾根源，引导学生以理性、建设性的方式解决问题，而不是采取暴力或逃避的态度。通过有效的调解，不仅能够帮助冲突双方达成和解，还能教育其他学生学会正确处理人际关系中的矛盾，共同维护校园的和谐稳定。

三、学生管理过程中领导力的实践

（一）强化领导力培训

1. 定期为辅导员、学生干部等举办领导力培训班

为了提升学生管理团队的整体领导水平，高校应定期组织针对辅导员、学生干部等关键角色的领导力培训班。这些培训班应涵盖团队管理、沟通技巧、决策制定等多个方面，旨在通过系统的理论学习与实践演练，帮助参与者掌握领导力的核心要素。例如，在团队管理模块中，可以引入团队建设理论，讲解如何构建高效团队，以及如何处理团队内部的冲突与分歧；在沟通技巧模块，则可以教授有效倾听、清晰表达等技巧，提升参与者的沟通能力；在决策制定模块，则应强调理性分析与决策的重要性，引导参与者学会在复杂情境下作出合理判断。

2. 引入外部专家进行讲座，分享成功管理经验

除了内部培训外，高校还应积极邀请行业内的领导力专家、成功企业家等外部资源，为学生管理团队举办专题讲座。这些讲座不仅可以为参与者提供前沿的管理理念和方法，还能够通过分享成功案例，拓宽他们的视野，激发创新思维。外部专家的参与，还能够为学生提供一个与业界精英交流互动的平台，有助于他们建立更广泛的人脉网络，为未来的职业发展打下基础。

（二）实施项目制管理

1. 将学生管理活动以项目形式开展

项目制管理是一种高效的组织管理方式，它强调目标导向、团队协作和过程控制。在学生管理中，可以将各类活动，如迎新晚会、社团活动、志愿服务等，以项目的形式进行组织和管理。每个项目都应明确项目负责人，由其负责项目的规划、执行、监控和收尾。通过这种方式，不仅可以锻炼学生的组织管理与团队协作能力，还能够让他们在实践中学习项目管理的基本知识，为将来的职业生涯做好准备。

2. 通过项目评估与反馈，持续优化管理流程

项目完成后，应及时进行项目评估，包括项目目标的达成情况、资源的利用效率、团队协作的效果等方面。评估结果应以书面形式反馈给相关参与者，作为后续项目管理的参考。同时，应鼓励参与者之间进行经验分享与讨论，提炼成功经验，分析失败原因，不断优化管理流程，提升管理质量。这种持续改进的机制，有助于形成良性循环，推动学生管理工作的不断进步。

（三）注重情感关怀

1. 领导者应关注学生的心理健康

在学生管理过程中，领导者应高度重视学生的心理健康问题，定期开展心理健康教育活动，如心理健康讲座、心理咨询服务等。这些活动应旨在帮助学生建立正确的心理健康观念，学会应对压力、挫折等负面情绪的方法。同时，领导者还应密切关注学生的心理状态变化，及时发现并干预可能存在的心理问题，为学生提供必要的心理支持。

2. 在重要节日、学生生日等时刻，给予关怀与祝福

为了增强学生对学校的归属感，高校应在重要节日、学生生日等特殊时刻，给予学生关怀与祝福。例如，在中秋节、春节等传统节日，可以组织庆祝活动，让学生感受到家的温暖；在学生生日时，可以通过发送祝福短信、赠送小礼物等方式，表达学校对学生的关心与祝福。这些细微的关怀，虽然看似简单，却能够让学生感受到学校的温暖与关怀，从而更加珍惜在校时光，积极投入到学习和生活中去。

第三节　学生管理中的激励机制运用

"加强学校管理，有效规范和约束教师及相关工作人员的行为，能够保障教育活动的顺利开展。而随着社会的不断进步与发展，传统、单一的学校管理机制已经远远不能满足时代的需要。因此，将激励机制这一新颖的管理方法渗透在学校的管理工作中，十分有必要"[1]。

在学生管理工作中，激励机制作为提升学生学习积极性、促进全面发展、增强集体凝聚力的关键手段，其重要性不言而喻。高校作为培养高素质人才的重要基地，如何有效运用激励机制，激发学生的内在动力，成为当前学生管理工作面临的重要课题。激励机制，是指通过一系列政策、措施和制度，激发个体或群体的积极性、主动性和创造性，以实现特定目标的过程。在高校环境中，激励机制旨在通过正向或负向的激励方式，引导学生形成良好的学习习惯、道德品质和创新能力。

---

[1]　王秀琴.学生管理激励机制的实践路径探究[J].江西教育，2020（36）：15.

一、学生管理中激励机制的具体应用

在高等教育体系中，学生管理不仅是维护校园秩序、保障教学质量的重要环节，更是促进学生全面发展、激发潜能的关键所在。激励机制作为学生管理的一种有效手段，通过设定目标、提供奖励、营造氛围等方式，能够显著提升学生的积极性、主动性和创造性。以下将从学业激励、品德与行为激励、实践与创新能力激励三个方面，详细探讨激励机制在高校学生管理中的具体应用。

（一）学业激励

1. 奖学金制度

奖学金制度是高校激励学生努力学习的核心措施之一。通过设置国家奖学金、校级奖学金等多个层次的奖学金，既体现了国家对优秀人才的重视，也展现了学校对学术成就的认可。奖学金的评选标准通常涵盖学业成绩、科研能力、社会实践等多个维度，旨在全面评价学生的综合素质。例如，国家奖学金不仅要求学生成绩优异，还看重其在学术研究、创新发明、社会实践等方面的表现，以此激励学生不仅要在学业上追求卓越，还要注重个人能力的全面发展。此外，奖学金的金额往往较为可观，能够有效减轻学生的经济负担，进一步激发其学习动力。

2. 学术竞赛与科研项目

参与学术竞赛和科研项目是提升学生科研兴趣和创新能力的有效途径。高校应积极组织学生参加国内外各类学术竞赛，如数学建模、程序设计、科技创新等，对获奖学生给予物质奖励、学分认定或荣誉表彰。这些奖励不仅是对学生努力的肯定，也是对其未来学术生涯的鼓舞。同时，鼓励学生参与科研项目，特别是与教授合作的研究项目，可以让学生在实践中学习科研方法，培养解决问题的能力。项目成果的展示和发表，更是对学生学术能力的直接证明，有助于提升其自信心和竞争力。

3. 学习互助小组

学习互助小组是一种促进学生相互学习、共同进步的有效方式。小组内成员可以根据学科特点和学习需求自由组合，通过团队合作学习，共同解决学习难题，分享学习资源。高校可以通过设置小组目标与奖励，如小组平均分提升奖、最佳团队协作奖等，激励学生积极参与小组活动，增强团队合作意识。此外，小组学习还能促进不同背景、不同能力学生之间的交流，有助于构建包容和谐的学习环境。

（二）品德与行为激励

1.道德风尚奖

道德风尚奖是对学生在品德修养、志愿服务、社会责任等方面表现突出的表彰。高校应定期举办道德风尚评选活动，通过学生自评、互评和教师评价相结合的方式，选拔出具有高尚品德、积极投身社会服务的优秀学生，并给予公开表彰和奖励。这种机制不仅能够树立正面典型，引导学生树立正确的价值观，还能在校园内形成崇德向善的良好风气。

2.行为规范考核

将学生的日常行为规范纳入评价体系，是强化正面行为引导的重要手段。高校可以制定详细的行为规范细则，包括课堂纪律、宿舍管理、公共场所礼仪等，对遵守规定、表现良好的学生给予加分或奖励。同时，对于违反规定的行为，也应设定相应的惩罚措施，做到奖惩分明。通过行为规范考核，可以促使学生养成良好的行为习惯，提升自我管理能力。

3.诚信教育

诚信是高等教育的基石，也是学生未来职业生涯中不可或缺的品质。高校应建立学生诚信档案，记录学生在考试、作业、科研等方面的诚信表现。对于诚实守信的学生，在评优评先、就业推荐等方面给予优先考虑，以此激励学生珍惜诚信记录，维护个人声誉。同时，通过开展诚信教育活动，如诚信讲座、诚信承诺书签订等，营造诚信校园文化，让学生深刻理解诚信的重要性。

（三）实践与创新能力激励

1.创新创业项目支持

创新创业教育是培养学生创新精神和实践能力的重要途径。高校应为有志于创新创业的学生提供全方位的支持，包括资金资助、导师指导、孵化空间等。通过设立创新创业基金、举办创新创业大赛等方式，激发学生的创意和热情，帮助其将想法转化为实际行动。同时，邀请成功企业家、创业导师进行经验分享，为学生提供宝贵的实践指导，降低创业风险，提高成功率。

2.社会实践与志愿服务

社会实践和志愿服务活动是学生接触社会、了解国情的重要窗口。高校应鼓励学生利用假期和课余时间参与社会实践、志愿服务活动，如支教、环保、社区服务等。通过实践报告、成果展示等形式，评选优秀团队和个人，并给予表彰和奖励。这些活动不仅能够增强学生的社会责任感，还能提升其沟通协调能力和解决问题的能力。

3. 校企合作实习

校企合作实习是连接校园与职场的重要桥梁。高校应与知名企业建立长期合作关系，为学生提供实习机会，让学生在真实的工作环境中学习职业技能，积累工作经验。实习表现优异的学生可获得企业推荐信或直接录用机会，这不仅是对学生能力的认可，也是对其未来职业发展的有力支持。通过校企合作实习，学生可以更好地了解行业动态和市场需求，为将来的就业做好充分准备。

二、激励机制的效果评估与优化策略

在高校教育体系中，激励机制作为促进学生全面发展、激发学习潜能的重要手段，其效果评估与优化策略显得尤为重要。一个科学、合理的评估体系不仅能够帮助教育者准确掌握激励措施的实际成效，还能为后续的优化调整提供有力的数据支持。

（一）激励机制的效果评估

1. 定量评估

通过学业成绩、获奖情况、参与活动的次数等数据，客观评价激励机制的实施效果。定量评估是激励机制效果评估的基础，它以具体、可量化的数据为依据，直观展示激励措施对学生学习成果的直接影响。学业成绩是最直接的评估指标之一，通过对比激励前后的成绩变化，可以初步判断激励机制是否有效提升了学生的学习动力和学习效率。此外，获奖情况也是衡量学生综合素质和竞争力的重要指标，包括学科竞赛奖、科研成果奖、社会实践奖等，这些奖项的获得不仅能反映学生的努力程度，也是激励机制成功激发潜能的体现。参与活动的次数，尤其是课外学术活动、社团活动、志愿服务等，不仅能丰富学生的校园生活，也是其综合素质培养的重要途径，通过统计这些活动的参与情况，可以评估激励机制在促进学生全面发展方面的作用。

2. 定性评估

通过问卷调查、访谈、座谈会等方式，收集学生、教师及家长的反馈意见，了解激励机制对学生学习态度、行为习惯、心理健康等方面的影响。相较于定量评估，定性评估更注重从主观感受层面了解激励机制的深层次影响。问卷调查是一种高效的信息收集方式，通过设计科学合理的问卷，可以广泛收集学生、教师及家长对于激励机制的看法和建议，包括激励措施的吸引力、公平性、持续性等方面的评价。

访谈和座谈会则提供了更为深入的交流平台，通过面对面的沟通，可以更加直观地感受到受访者的真实想法和情感反应，特别是对于学生学习态度的转变、行为习惯的养成以及心理健康状态的改善等方面，定性评估能够提供更为细腻和全面的描述。这些反馈对于理解激励机制的深层次效果，以及识别潜在的问题和挑战具有重要意义。

3. 综合评估

结合定量与定性数据，全面分析激励机制的成效，识别存在的问题与不足。综合评估是将定量评估与定性评估的结果进行整合，形成对激励机制效果的全面认识。这一过程不仅要求对数据进行客观的统计分析，还需要结合实际情况进行深入的解读和判断。通过对比定量数据的变化趋势与定性反馈的具体内容，可以更加准确地识别激励机制中的亮点与不足。例如，即使学业成绩有所提升，但如果学生普遍反映压力过大、兴趣减退，那么就需要考虑激励机制是否过于强调成绩导向，忽视了学生的心理健康和兴趣培养。综合评估的目的在于找出激励机制中的平衡点，既要保证激励的有效性，又要兼顾学生的全面发展。

（二）激励机制的优化策略

1. 动态调整

根据评估结果，适时调整激励机制的内容、形式和标准，确保其适应学生发展的新需求。激励机制并非一成不变，而是需要根据评估结果和实际情况进行动态调整。随着社会的发展和教育理念的更新，学生的需求和期望也在不断变化，这就要求激励机制能够灵活应对，及时调整内容、形式和标准。例如，针对当前学生更加注重个性化发展和创新能力培养的趋势，激励机制可以增加对创新项目的支持、提供个性化的学习路径规划等。同时，根据评估中发现的不足，如激励机制的覆盖面不够广、激励力度不足等问题，也应进行相应的调整，确保激励机制能够更好地服务于学生的成长。

2. 个性化激励

针对不同学生的特点和需求，设计个性化的激励方案，提高激励的针对性和有效性。每个学生都是独一无二的个体，他们有着不同的兴趣、能力和发展目标，因此，激励机制的设计应充分考虑学生的个性化差异。个性化激励不仅体现在奖励内容的多样性上，如设立不同类型的奖学金、提供实习实训机会、支持学生科研项目等，还应体现在激励方式的灵活性上，如根据学生的进步情况给予动态奖励、根据学生的兴趣特长提供定制化的学习资源等。通过个性化激励，可以更好地激发学生的内在动力，促进其个性化发展，同时也有助于提高激励机制的整体效果和满意度。

3. 反馈机制

建立激励机制的反馈机制，鼓励学生、教师及管理人员提出改进建议，形成持续改进的良性循环。有效的反馈机制是激励机制不断优化和完善的关键。高校应建立畅通的反馈渠道，鼓励学生、教师及管理人员积极参与激励机制的评价和改进工作。这可以通过定期召开座谈会、设置意见箱、建立在线反馈平台等方式实现。同时，对于收集到的反馈意见，应有专门的机构或人员负责整理、分析和响应，确保每一条建议都能得到足够的重视和考虑。通过建立反馈机制，不仅可以及时发现激励机制中存在的问题，还能够激发师生参与学校管理的积极性，形成上下联动、共同推进激励机制优化的良好氛围。

4. 资源整合

加强校内外资源的整合，如引入社会资金、企业资源等，丰富激励手段，提升激励效果。激励机制的优化还需要高校充分利用和整合校内外资源。一方面，高校可以积极寻求与企业的合作，通过校企合作项目、实习实训基地建设、企业奖学金设立等方式，引入企业的资金和资源，为学生提供更多实践锻炼和奖励的机会。另一方面，高校也可以加强与校友、社会捐赠者的联系，争取更多的社会资金支持，用于扩大激励机制的覆盖面和提高奖励标准。此外，高校还可以与其他高校、研究机构等开展合作，共享优质教育资源，丰富激励手段，提升激励效果。通过资源整合，不仅可以为激励机制的优化提供有力的物质保障，还能够拓宽学生的视野，增强其社会适应能力。

第四节　学生管理队伍建设具体实践

"高校大学生管理队伍处于高校学生教育管理前沿，其职业能力的高低，对于全面提升高校人才培养质量，实现立德树人的根本任务具有重要意义"[1]。

---

[1]　甘雪梅，宗宝璩，王佳旭. 高校大学生管理研究[M]. 长春：吉林出版集团股份有限公司，2021：69.

一、学生管理队伍建设的要求

（一）素质要求

学生管理工作者要培养和造就高素质人才，自身必须具备较高的政治思想素质，合理的知识结构和较强的能力素质，并有较完善的自我形象和人格力量等，概括而言，高校学生管理者应具备以下素质：

1. 道德素质的要求

（1）科学的道德认识。科学的道德认识是道德行为和道德习惯的先导，是形成道德品质的最基本的条件。高校学生管理工作者要在了解和掌握社会主义的道德价值体系的基础上，按照社会主义道德体系的要求和规范提高自己的道德修养。

（2）高尚的道德信念。道德信念较之道德认识、道德行为和道德意志，具有综合性、稳定性和持久性的特点，它在道德品质形成中居于主导地位，是道德认识转化为道德行为的重要精神力量。高校学生管理工作者应该确立高尚的社会主义、共产主义道德信念，具有真诚信仰和强烈的责任感。

（3）优秀的道德品质。优秀的道德品质是道德认识、道德情感、道德意志、道德信仰、道德信念、道德行为的集合体。高校学生管理工作者要树立优秀的道德品质，以自己的实践活动体现社会主义、共产主义的道德情操。

2. 心理素质的要求

（1）坚忍的意志品格。作为高校学生管理者，必须具有强烈的事业心和进取心，高度的热情和主动负责精神，坚定的信念和自信心，强烈的责任心和荣誉感。只有这样，才有克服困难的勇气，在困难面前，具有坚韧的忍耐力和坚定的毅力，面对成功与失败，顺境与逆境，都能沉着稳定，善于控制自己的情绪，保持冷静。

（2）开放稳重的性格特征。高校学生管理者要善于培养开放性、稳重而富有吸引力的性格特征，在教育实践中做到一丝不苟，踏实认真，在为人处世中要开朗热情，诚恳友善，乐于助人，严于律己，宽以待人。

（3）良好的心境。心境是一种比较持久的、稳定的、影响人的整个精神活动的情绪状态，对人的生活和工作有很大的影响。一般而言，积极、良好的心境有助于充分发挥自己的积极性与创造性，提高工作效率；相反，消极不良的心境则容易使人厌倦、悲观、消沉孤僻。因此，高校学生管理者应当学会做心境的主人，使自己经常保持舒畅、乐观、开朗的良好心境，以利于有效地开展工作。

（4）广泛的兴趣爱好。高校学生管理者要具有广泛的兴趣爱好，以便在工作中与学生打成一片，寓教育于娱乐当中，使思想性、教育性与娱乐性融为一体，通过健康活泼的集体娱乐活动，潜移默化地影响学生的思政品德，达到提高学生的思政觉悟和认识能力的目的。

3. 知识素养的要求

（1）扎实的专业知识。高校学生管理者的专业知识，突出的表现是思政教育学的基本理论和工作业务方面的知识，掌握专业知识，有利于提高高校学生管理者的业务能力和专业水平。

（2）广博的相关学科知识。高校学生管理者要掌握心理学、教育学、伦理学、政治学、社会学等相关学科的理论知识，同时，还要熟悉和了解与学生管理联系较为紧密的相关知识，例如经济学、法学、历史学、美学、思维科学中的语言学、逻辑学、统计学和现代科学技术知识、电脑操作知识等，高校学生管理者懂得的知识越多，对工作越有利。

4. 能力素质的要求

（1）组织管理能力。组织管理能力主要包括：调动和组织各方面的能力；收集、整理各种思想信息，制订计划，并选择时机实施计划，有较高的决策能力；熟练自如地独立组织各种思政教育活动的能力；具有创造良好的谈心气氛，掌握谈心技巧方面的能力；运用各种措施，通过民主管理激励学生参与管理的积极性的能力等。

（2）分析研究能力。高校学生管理者要有较强的调查研究能力，善于接触、观察、了解、分析问题，并作出正确的判断；要有较高的理论研究分析能力，善于结合实际运用思政教育的基本理论解决实际问题，并在实践中不断发展思政教育的科学理论；要有较强的逻辑分析能力，能够运用演绎法、归纳法及科学的思维方法对经验进行归纳总结，对问题进行综合分析，从中得出正确的结论，并把它上升为理论，指导实践活动。

（3）语言表达能力。语言表达能力包括文字表达能力、口头语言表达能力和动作语言表达能力三个方面。高校学生管理者要有较高的动作语言表达能力，善于根据不同的场合和不同的对象，巧妙地运用动作姿势语言，如手势、眼神、面部表情，向学生暗示或阐明自己的工作意图。

（二）建设"职业化、专业化、专家化"队伍的要求

1. 符合学生管理队伍建设的发展方向

专业是社会分工、职业分化的结果，是人类社会发展到一定文明程度所必然出现的结果。从职业社会学来看，社会变革发展的一个重要特征就是许多职业都进入了"专业"的行列。"职业化"就是指把学生管理工作视为一种职业，把这支队伍建设为从事这一职业的教师。"专业化"是指用思政教育专业的知识和理论武装这支队伍的头脑，使他们具有较高专业素养的人。"专家化"是指要把高校学生管理者培养成为思政教育的专家，成为当代大学生的指导者和引路人。

一个职业是否专业，其特征与标准为：运用专门的知识与技能；强调服务的理念和职业伦理；经过长期的培养与训练；需要不断地学习进修；享有有效的专业自治；形成坚强的专业团体。这样的专业队伍越稳定，并且出现的专家越多，对社会的进步与发展就越有利。既然职业化、专业化是社会分工的必然结果，那么高校学生管理队伍建设的方向也应该朝职业化、专业化发展，而且，从培养高素质的社会主义建设者和接班人的目标和要求来看，也必然要求高校学生管理队伍向专家化发展。

2. 促进学生管理队伍自身发展的需要

高校学生管理者与其他学科的专业教师一样，是高校教师的重要组成部分。学生管理工作具有很强的科学性与艺术性，在大学生教育管理中，在工作内容上，学生管理者会运用到许多涉及大学生健康成才的方方面面的知识。作为学生管理工作者，如果没有较高的业务素质与水平，没有比较全面的知识、能力和责任心，是不能顺利而有效地开展学生工作的。而解决这一问题的关键就是实现学生管理工作队伍的职业化、专业化以至专家化，使这支队伍工作有成效、干事有平台、发展有空间，这不仅是工作的需要，也是这支队伍自身发展的需要。

3. 推进高校改革，促进学生成才的需要

当今国际社会呈现出"政治多元化、经济全球化、文化多元化、信息网络化"的新趋势，如何应对这一新趋势，每个国家都面临着机遇和挑战。我国高校肩负着培养中国特色社会主义建设者和接班人的重任。高校学生管理队伍工作在大学生思政教育管理的第一线，高校的各种思政教育活动都要依靠他们去落实，其工作成效如何，直接影响到所培养的大学生的质量。从某种程度上可以这么说，高校学生管理队伍的素质，决定了大学生的素质。高校学生工作队伍向职业化、专业化和专家化发展，是当今高校改革与发展和学生成长成才的需要。

建设高校学生管理"三化"队伍，同时也是坚持以人为本，实施人才兴国的战略思想，把高校学生管理队伍作为我国重要的人才资源来建设的具体体现。

二、学生管理队伍选拔与培养

（一）学生管理队伍的选拔

1.选拔的意义

（1）做好选拔工作是队伍建设的前提和基础。严格把好选拔关，是建设一支政治强、业务精、纪律严、作风正的学生管理队伍的关键，也才能确保队伍的质量。因此，选拔的对象应该具有为人师表的德行，这样才能在教育对象面前充分展现人格的力量，才能被教育对象所接受和信任。要具有较高的理论水平和组织协调的能力，这样才能在学生管理过程中充分发挥主导作用，促使思政教育的经常化、系统化、科学化。

（2）公开选拔，有利于形成竞争上岗机制。在选拔中，要引进竞争机制，实行公开招聘。引进竞争机制公开选拔的意义在于：第一，应聘者是自愿的，指导思想明确，工作时就比较安心，工作中的主动性、积极性就能得到充分发挥；第二，公开选拔对应聘者进行相互比较，选择的余地比较大，能按选拔标准招聘理想的人选；第三，提高职业地位。经过竞争选拔上岗，优胜劣汰，人们才会感觉到它的价值所在，而且这种竞争心态继续保持下去，有利于学生管理工作的发展。

（3）合理选拔人员，有利于优化学生管理队伍结构。高校学生管理队伍不仅有个体素质的要求，而且有整体结构的要求，这就要求选拔时要考虑专兼比例、年龄、性别、专长、职称、学历上的补缺，促使队伍结构呈现最优状况。实践证明，队伍整体结构的合理与否，直接影响到管理工作的整体效应。所以，抓好合理选拔，促使队伍结构的优化是非常重要的。

2.选拔的原则

队伍的选拔原则是队伍在选拔过程中必须遵循的具体指导思想和基本要求，它是队伍选拔实践经验的科学概括和总结。只有坚持正确的选拔原则，才能取得最佳的选拔结果。

（1）德才兼备原则。德才兼备是选拔的标准，坚持这一选拔原则，就要正确理解和把握人才的德与才的辩证关系。在选拔过程中，一定要全面认识和评价选拔对象的表现，既不能重德轻才，也不能重才轻德，应把德与才很好结合起来，宁缺毋滥。

（2）双向选择原则。一是要本人愿意；二是主管部门择优选拔。这两个方面缺一不可，只有互相认同，才能完成选拔任务。如果在选择中不以自愿为原则，带有一定强制性，必然造成录用者被动地应付，无法心情舒畅地努力工作。同样，主管部门在选拔中如果没有物色到理想的人选，也不要降低标准，否则，就会影响队伍的合理结构和整体素质。

（3）择优选拔原则。择优是按照严格选拔标准和完善的择优程序录用人员过程。执行这一选拔原则不仅要量才使用，而且要发挥其优势，不仅要合理配备，而且要注重质量。要在人员数量上体现"精干"，在人才质量上体现"高效"。

3.选拔的方法

高校学生管理队伍选拔的方法有任命、推荐、招聘、考核等方法，这些选拔方法既可以单独使用，又可以结合使用。

（1）任命是经上级领导部门讨论、决定，指定任职。

（2）推荐是由基层经过群众评比，推荐优秀人员加入队伍，但必须得到大家的认可和上级领导部门的审批同意。

（3）招聘一般指公开张贴布告或通过媒体发布信息，招收聘请队伍的成员。

（4）考核采用笔试或面试的方式对报考对象进行考查核定。

（二）学生管理队伍的培养

1.培训管理队伍的职业素质

学生管理工作辛劳清苦，责任重大，职业素质极其重要。要成为学生的人生导师，一定要内强素质，外树形象，率先垂范，言传身教。一批好教师会造就一所好学校，一个好学生管理人员会影响一批学生的未来。如果学生管理人员事业心和责任心不够强，就会对学生的成长造成不良影响。抓学生管理队伍建设要从实际出发，制订培养规划，有计划、有步骤地进行各种形式的岗前和在岗培训，强化职业道德操守；要定期安排学习考察、经验交流活动，沟通信息，促进提高。

2.强化管理队伍的专业化学习

加强专业化建设，鼓励学生管理人员成为思想教育、心理健康教育、职业生涯规划、学生事务管理等方面的专门人才。作为一名学生管理者要按职业要求成为学生政治上的引路人、学习和生活上的指导者、心理健康的辅导者和合法权益的保护人，光有热情和爱心，缺乏专业知识的支撑，显然是不行的。高校要切实重视学生管理队伍的职业化、专业化、专家化建设，对学生管理队伍进行思政教育、时事政策、管理学、教育学、社会学和心理学以及就业指导、学生事务管理等方面的专业化辅导与培训，开展与学生管理工作相关的科学研究，使学生管理者成为行家里手，工作起来得心应手。

第五章　学生管理的现代发展趋势

第一节　学生的互联网媒介素养教育

一、学生互联网媒介素养教育的特征

第一，教育理念的转变更新。"在传统教育模式下，教师在教育教学中处于中心地位，对教学效果起决定性作用"[①]。但在网络时代，学生可以通过多种途径获取信息资讯，教师逐渐失去了在知识传授过程的主导地位。有观点认为，随着网络媒体的普及，我国已步入"后喻文化"时期。这对传统的师生关系提出了新挑战，需要我们的教育者将教育理念由"教师中心论"向"师生相长型"转变，即立足学生参与互动融合理念，在分析学生诉求和认知行为、研究学生网络媒介使用习惯的基础上，制定出顺应时代发展、具有现实针对性的媒介素养教育培养方案。

第二，教育方法的创新发展。新媒体因其交互性、时效性、多媒体性、多元文化性等特征而受到当代大学生热捧。现阶段，大学生不再将报纸、电视、广播等传统媒体作为获取信息的主要渠道，而倾向于借助 App 移动应用服务、社会性网络服务（SNS）等新媒体平台获取资讯，享受参与和互动的乐趣。这就对教育方法的创新发展提出了更高要求，需要改变原有灌输式、一言堂的教育方法，而更为注重学生与周边环境的融合、自身感受与意见的表达、团队成员的交流互动、多样化的传播形式和交叉性的传播平台等。

第三，评价反馈的机制完善。评价反馈机制的完善，在新媒介素养教育的语境下，显得尤为迫切与重要。新媒介素养能力，涵盖了从游戏能力到网络能力，再到协商能力与可视化能力等一系列复杂技能，这不仅映射出网络时代对个人媒介运用

---

① 蔡熙文. 高校学生管理与实践创新研究 [M]. 北京：北京工业大学出版社，2020：97.

能力的深度与广度要求，也体现了受众在追求社交互动、个人尊重及自我实现等更高心理层次上的内在诉求。因此，为有效对接新时代的人才培养标准，我们必须对现有的评价反馈体系进行深度优化与拓展。具体而言，这意味着评价不应再局限于单一的媒介文本解读能力，而应全面覆盖到个体的实践参与度、角色转换的灵活性、信息采集与再加工的创造性、环境监测与细节捕捉的敏锐度，以及跨文化理解与尊重的广度。通过构建多元化、动态化的评价体系，我们能够更准确地评估学习者的新媒介素养水平，进而指导教学实践，促进学习者在复杂多变的新媒介环境中实现全面发展。这一完善过程，不仅是对教育评价理论的丰富，更是对新时代人才培养实践的积极响应。

二、学生互联网媒介素养教育的必要性

虽然部分教育界及学术界人士已经意识到网络媒介素养教育的意义和价值，但总体而言，我国的互联网媒介素养教育依然处于初级阶段，具体表现为以下三个方面：

第一，缺乏公共政策的制度保障。大学生网络媒介素养教育作为一项亟待开展的系统工程，需要政府部门牵头制定相关公共政策，对该项工作的技术支持、经费保证、协调推广、具体职责等进行顶层设计和统一规划协调，建立覆盖课堂教育、社会教育、家庭教育的全方位、立体化的教育体系。

第二，缺乏课程体系建设和规划。目前，国内大部分高校未将大学生网络素养教育课程纳入教学大纲中，未明确要求学生掌握媒介素养基本知识和能力，未开设与媒体传播运作、媒介内容赏析批判、传媒法规与伦理等方面有关的课程。事实上，高校将媒介素养教育纳入高校课程体系建设，要求学生通过修习指定课程掌握有效获取媒介讯息、了解媒体运作功能、批判选择媒体传播内容、制作传播媒体作品等能力，是提高大学生媒介素养和综合素质的重要途径。

第三，缺乏科学调研和系统研究。目前，国内对于媒介素养教育的研究主要集中在介绍西方媒介素养教育开展情况、媒介素养基本内涵及认知、媒介素养教育的重要性等方面，缺乏对国内大学生开展网络媒介素养教育的科学调研和系统研究，缺乏符合我国国情和大学生特征的教材和教育宣传片等。

三、学生互联网媒介素养教育的有效措施

"随着网络媒介的发展与普及，网络媒介素养已成为当代高校学生必备的素

养"①。如何引导学生接触媒介已成为高校教育中必须面对的课题。因此，以下探讨学生互联网媒介素养教育的有效措施，可以从教育体系与媒介环境两大维度深入剖析，并辅以具体策略的实施，以期达到提升学生媒介素养、促进其全面发展的目标。

（一）学校层面的策略构建

第一，课程体系构建与师资队伍强化。在高等教育体系中，媒介素养教育的引入是时代之需。鉴于我国媒介素养教育尚处于探索阶段，高校应率先垂范，构建系统化的媒介素养教育课程体系。这一体系应融合理论与实践，既涵盖媒介理论、媒介伦理、媒介批判思维等基础理论模块，又包含媒介制作、媒介运营等实践操作模块，旨在全方位提升学生的媒介认知与应用能力。同时，加强师资队伍建设，通过培训、引进等方式，组建一支具备高水平媒介素养和教学能力的教师队伍，为媒介素养教育的有效实施提供坚实的人才支撑。

第二，校园文化氛围营造与媒介素养宣传。媒介素养教育的深化，需依托校园文化的浸润。高校应充分利用校内媒体资源，如校园广播、电视、网络平台、社团活动等，形成媒介素养教育的全方位宣传网络。通过定期举办媒介素养主题讲座、研讨会、工作坊等形式，增强学生的媒介意识，引导其树立健康的媒介消费观念。此外，鼓励学生参与媒介产品的创作与传播，如微电影、新闻报道、网络专栏等，使媒介素养教育融入学生的日常生活，实现"润物细无声"的教育效果。

第三，校园媒介资源的开发与利用。高校应充分挖掘和利用校园媒介资源，为学生提供丰富的媒介实践平台。通过建立校园媒体中心、新媒体实验室等，让学生亲身体验媒介信息的采集、编辑、发布全过程，增强其媒介操作技能和团队协作能力。同时，鼓励学生参与校园媒体的管理与运营，如校园新闻网的编辑、社交媒体账号的运维等，以此提升学生的媒介管理能力和创新思维。

（二）媒介层面的合作与支持

第一，校企合作，共建实践平台。媒介机构与高校的合作，是提升学生媒介素养的有效途径。双方可联合举办媒介技能竞赛、实习实训项目等，如"校园新媒体创意大赛""新闻采编实战训练营"等，为学生提供真实的媒介工作环境和专业的指导。媒介专业人士的介入，不仅能提升学生的专业技能，还能帮助他们更好地理解媒介行业的运作机制和职业道德要求，从而培养学生的媒介责任感和使命感。

---

① 樊艳丽，王卫红，康永征.加强高校学生网络媒介素养教育[J].中共山西省委党校学报，2011（1）：3.

第二，媒介自律与社会责任担当。媒介作为信息传播的主体，应充分发挥"把关人"角色，确保信息的真实性和价值导向的正确性。面对海量的网络信息和复杂的舆论环境，媒介应坚守新闻伦理，提高内容生产的质量，避免低俗化、虚假化信息的传播，为学生营造一个健康、积极的媒介生态。同时，媒介应主动承担社会责任，通过开设媒介素养教育专栏、制作媒介素养教育节目等方式，普及媒介知识，提升学生的媒介批判能力和信息素养，引导他们成为理性、成熟的媒介使用者。

第二节　学生管理的专门网络平台构建

当今社会，网络以其丰富的信息储备，已成为人们获取信息的重要平台。特别是在高校中，随着校园网络和信息化建设日益完善，信息化校园这一校园形态的重要性更为突出，网络已成为影响校园文化建设的重要外部因素。从中共中央、国务院《关于进一步加强和改进大学生思想政治教育的意见》可以看出，校园网成为师生学习、生活和开展思想政治教育的重要平台已是必然。对此，高校应抓好网络平台建设，使校园网成为服务大学生学习、生活的窗口；科学设计平台，强化网络平台的功能，使校园网成为为师生提供便利的重要工具；合理利用平台、提升网络平合的价值，使校园网成为开展大学生思想政治教育工作的重要渠道；深层开发平台，丰富网络平台的内容，使校园网成为大学生参与校园文化建设的主要途径。

一、专门网络平台构建的有利条件

（一）时代发展的需要

在互联网迅速发展的时代背景下，网络已经与人们的生活息息相关，其用户群数量大、覆盖年龄范围广，影响力正随着时间的推移逐渐凸显，它以其特有的平台特性默默地影响着人们的价值观念和思维方式，以其资源丰富的特点改变了人们的学习方式，以其高效便利的特点改变了人们交往方式。因此，高校应牢牢抓住这难得的契机，在学生的教育与管理中融入更加多样、更加吸引人的方式，使教育、管理、服务的功用在网络平台中得到淋漓尽致的发挥。高校在新校区的文化建设及信息化建设方面，可依托社会上已形成的较成熟的网络平台，这些平台经过测试及使用更具有适应性，减少因网络平台硬件问题带来的发展困扰。

（二）发展前景好

校园网络平台因其网络特性，具有活、全、新、快的众多特点和优势，同时也有利于用户的使用和参与。校园网络平台既是传播校园主流文化的新阵地，也是高校文化内涵、办学精神、优势特色的最佳展示窗口。虽然高校网络由于发展时间相对较短，在网络平台的构建上较为滞后，但这反而减少了改革及发展的阻碍，不会因为固化的思维方式限制了前进的脚步。因而，高校在发展网络平台、积淀校园文化的道路上能走出全新模式。

二、专门网络平台的构建途径

（一）打造特色网络品牌

校园网络平台关键性的指标在于内容准确度及更新速度等方面。目前的高校学生大多是随着网络一起成长起来的，若想利用网络吸引他们的视线，需要具有特别的形式、丰富的内容、迅速地更新。因此，高校校园网络平台应该改进原有的内容简单、功能单一、更新迟滞等问题，更好地解决吸引力不足、利用率低等问题。高校应完善校园网络平台的功能，提高用户参与程度，加快、加深与校园文化的融合，更好地促进高校的发展。针对上述情况，高校新校区在打造特色网络品牌时应更好地利用社会上已较成熟的、影响力较大的媒介。

（二）完善校园门户网站

校园门户网站是每一所高校在网络中展示的绝佳平台，是发布相关信息的固定渠道。在校园门户网站上可以尝试开辟校园特色专栏，如重庆邮电大学"红岩网校"、河南农业大学的"太行之路网站"等，大多是以本校学科特色为核心，围绕主体用户——学生，将思想政治教育、专业知识、科学技术、就业引导、特色文化等模块进行组合。设计优良、布局合理、内容新颖的校园网站不仅能提高社会关注度，更重要的是能吸引更多学生关注校园门户网站，积累学生的荣誉感及归属感。官方微博是网络发声的新媒介，高校、企业、政府等纷纷开通了官方微博，在扩大宣传面的同时，能更加快捷地发布信息，发起交流互动。学生手持手机刷微博已成为一种流行行为，而利用微博的特性，校园官方微博将学生的注意力凝聚起来，通过发布社会热点问题与话题、普及与学生学习生活相关的知识与信息、组织学生参与活动及话题互动等活动，利用微博消息发布及时、传播面广等特性，更好地配合其他校园文化建设活动的开展。

（三）挖掘潜在人力资源

网络之所以迅速发展得益于前所未有的更新速度以及良好的参与性、互动性，相较于纸质媒介，电子媒介越来越多地融入人们的交往之中。构建校园网络平台不仅仅是一定的物质投入，更加需要开发校园内所特有的、庞大的潜在资源——学生，动员好、开发好潜在的人力资源既是发挥好学生的主体性作用，更是人本主义理论应用于学校教育中的合理化体现。高校应充分动员专业教师、辅导员群体，集思广益创新内容、提高技术，积极参与校园内各项文体活动；充分动员学生干部、学生党员等其他学生群体，学生既是校园网络平台的受益者，同时也是参与者。通过利用现有群体，挖掘潜在资源，教育者及受教育者都能参与到网络平台的宣传、构建中去。

（四）建立健全管理体制

大学生在社会网络中是最活跃的群体，也是网络互动参与量最大的群体。因而，高校各部门及院系应提高对网络平台重要性及必要性的认识，加大投入，尽快开发校园网络平台；高校应针对如何引导网络评论、控制网络舆情、监管网络动态、处理网络突发情况等建立专门的技术团队，维护、管理、利用好网络平台。在现有的校园管理制度的基础上，规范和创新校园网络平台管理机制，通过统一的管理规章制度明确管理者、参与者的义务与责任，规范管理、教育引导学生形成健康积极的网络道德，使校园网络平台的使用秩序井然；建立校园网络平台的各级管理体系，使网络信息的监控、收集、分析、干预等反应机制更为完善，保证校园网络平台的正常运转。

（五）创建其他网络平台

当前，其他网络平台，如贴吧、微信、论坛、QQ 空间等也成了新型的交流平台。随着移动终端技术的提升和革新，更多网络用户使用手机或者平板等终端设备参与网络互动。如今大学生使用手机刷微信、逛贴吧、进论坛、写说说、更新空间，已经是普遍现象，此类网络平台已经成为学生闲暇时光抒发个人情感、相互交流的重要平台。高校应当重视此类公开网络平台的开发和应用，利用此类平台用户群庞大的优势，推出有特色的高校网络平台，进行大学生的伦理道德教育引导，促进校园文化多元化良性发展。当然，高校应利用和管控好这类平台，通过这种类型的网络平台进行发起话题、交流讨论、活动宣传等工作，促进校园文化建设。

（六）营造校园网络文化

高校校园文化因网络的介入而更加丰富、鲜活，同时网络也对高校思想政治及德育工作也提出了新的挑战。打造内容丰富、功能完善、具有开放性的校园网络平台，可以引导学生健康上网，传播校园主流文化，展现高校的品牌特色。构建好校园网络平台，营造健康和谐的校园网络文化，共筑品牌校园文化既是对网络带来挑战的有力回击，也是为全校师生提供更加有活力的成长空间。

第三节　教育、管理、服务一体化发展

随着高等教育改革的不断深化，现代高校在规模和职能上都面临着前所未有的挑战与机遇。为应对日益复杂的教育环境，确保教学、管理与服务各环节的有机结合，形成教育质量与学生全面发展的双重保障，"教育、管理、服务一体化发展"已成为高校实现高质量办学目标的必然选择。这一发展思路不仅是教学与管理的联动，也是将服务理念融入学生教育与管理过程中的一体化整合。以下探讨如何在教学、管理、服务之间实现有机的整合与协调，以实现高校教育目标的全面提升。

一、教育、管理、服务一体化发展的必要性

实施教育、管理、服务一体化发展，不仅是提高高校办学效率的手段，更是实现育人目标的有效途径。高等教育的根本任务是育人，而育人的实现离不开教学的引导、管理的保障与服务的支持。传统的教育与管理分离、管理与服务割裂的模式，往往导致教育目标无法全面实现，影响学生的全面发展。因此，必须通过一体化的发展模式，打破教育、管理与服务之间的壁垒，形成协同联动机制，以增强高校育人的整体效能。

第一，促进教育管理的效率提升：通过教育、管理、服务一体化，教学与学生管理能够在统一的框架下进行协调运作，避免职能部门的相互推诿与资源的浪费。教学管理与学生管理相互融合，使得教师在授课过程中不仅传授知识，还能够关心学生的全面发展，辅导员与管理人员也能更有效地与教学环节衔接，关注学生的学术发展与生活需求。

第二，提高服务的针对性与实效性：传统的高校服务多限于后勤与行政层面，

未能深度参与学生的学习与成长。而一体化发展模式要求服务与管理同步参与到教学过程中，通过服务的创新，保障教学活动的顺利进行。例如，通过信息化管理系统，将学生的学习数据、生活状况、心理健康等信息整合在同一平台上，实现管理与服务的信息共享，帮助教学管理人员更好地了解学生需求，提供更有针对性的支持。

第三，实现育人目标的全面落实：教育不仅仅是知识的传授，更是人格的塑造与能力的培养。通过教育、管理与服务的一体化发展，高校能够更好地关注学生的全面成长。在教学过程中，教师不仅教授学科知识，还应通过管理与服务的联动，关注学生的心理发展、职业规划、社会适应等方面。管理者则在实施管理制度时，通过服务提升学生的满意度与幸福感，形成一个良好的学习与生活环境。

二、教育、管理、服务一体化发展的策略

为了实现教育、管理、服务的一体化发展，高校应从机制建设、制度创新与信息化建设等多方面入手，建立起科学合理的运行模式，确保各环节之间的有机协调与高效运作。

（一）优化机构设置，整合资源

教育、管理与服务的一体化发展首先要求高校对现有的管理机构进行优化整合，打破传统的职能分工，形成联动管理体系。高校应考虑撤销某些过于细化的部门，将教学管理与学生管理职能进行重新整合，形成一个统一的管理框架。在这一框架下，教学部门与学生管理部门之间的沟通将更加顺畅，服务部门也能够更有效地参与到教学与管理的协调中。

此外，高校应进一步下放管理重心，赋予二级学院更多的管理自主权，使其能够根据本院系的具体情况，制定相应的教学与管理计划。这不仅有助于增强管理的灵活性与适应性，也能够提高学院在服务学生方面的积极性与主动性。

（二）完善制度建设，创新管理模式

在推进教育、管理、服务一体化发展的过程中，高校应注重制度建设与管理模式的创新。首先，应建立一个完善的管理制度框架，确保各项职能能够在统一的制度下高效运作。例如，高校可以设立教学与学生管理联席会议制度，定期召开由各职能部门参与的会议，讨论学生的学习、生活与管理问题，确保各部门之间的信息畅通与协作顺畅。其次，创新管理模式，探索教学管理与学生管理的融合路径。例如，建立任课教师与辅导员的协作机制，任课教师在课堂上不仅教授知识，还应与辅导

员保持密切联系，及时反馈学生的学习情况与思想动态，确保学生问题能够及时发现并解决。

（三）加强信息化建设，提升服务水平

信息化建设是实现教育、管理、服务一体化发展的重要手段。高校应加快推进教学管理与学生管理的信息化建设，通过数字化手段实现各类信息的共享与互动。例如，建立一个统一的教学与学生管理信息系统，将学生的学业成绩、生活状况、心理健康等信息集中管理，方便管理人员与教师了解学生的全面情况，提供更加精准的支持与服务。通过信息化手段，高校还可以实现管理的智能化与高效化。例如，教学管理系统可以实现课程安排、学籍管理、教学资源分配等事务的自动化处理，减少了人为干预的误差与时间成本；学生管理系统则可以实现学生请假、宿舍管理、心理健康咨询等事务的在线办理，提升服务效率与质量。

（四）构建"全员育人"工作机制

"全员育人"是教育、管理、服务一体化发展的核心理念之一。要实现这一目标，高校应建立一个全员参与的育人体系，确保从教师到管理人员，从辅导员到后勤人员都能够参与到学生的教育与管理中来。通过建立全员联动的管理机制，教学班级成为学生全面发展的核心单元，各方共同参与学生的成长与培养工作。例如，高校可以广泛调动各类管理人员、班委成员、辅导员、任课教师等参与到学生的教育管理中，确保每个学生都能得到全面的关注与培养。通过这种多层次、多角度的育人模式，学生不仅能够获得知识的传授，还能够在生活、心理、职业等方面得到全方位的支持。

第四节　科学性、时代性与层次性相融合

一、科学性、时代性与层次性相融合的意义

在当今社会发展日新月异的背景下，高校的教育与管理工作面临着诸多新的挑战和机遇。特别是在学生管理工作中，如何在制度化的管理中融入科学性、时代性与层次性，是实现教育目标、促进学生全面发展的关键所在。以下从科学性、时代性与层次性三个方面，探讨其在高校学生管理工作中的融合运用及其重要意义。

（一）科学性与学生管理工作的融合

科学性是高校学生管理工作的基本要求。高校作为知识的传播和创新平台，其管理工作的科学性体现在对教育规律和学生发展特点的深入理解和运用。在学生管理工作中，科学性表现在管理方式的合理性、管理手段的可操作性以及管理效果的可测量性。

第一，科学的管理方法要求管理者能够运用现代管理学的基本理论和方法，系统地设计和执行各项管理工作。科学管理强调以数据为依据，以事实为基础，这意味着高校管理工作者应不断进行调查研究，了解学生的实际需求和心理状态，并据此调整管理策略。例如，利用大数据分析学生的学业表现、心理健康状况及校园生活习惯，能够为学校制定更具针对性的管理措施提供坚实的依据。

第二，科学性还体现在对管理效果的评估上。学生管理工作的成效不仅仅体现在制度的执行力度上，更重要的是学生的反馈及其发展的实际效果。为此，管理者应定期进行评估，通过问卷调查、个别访谈等方式，了解学生对管理工作的意见与建议，进而进行制度的改进和优化。

（二）时代性与学生管理工作的融合

随着社会的进步和科技的发展，高校的学生管理工作必须适应新时代的要求。时代性要求高校在管理工作中不断创新，与时俱进，紧跟社会发展的潮流和学生群体的变化特征。

第一，信息化管理的应用。在信息技术飞速发展的今天，信息化管理已成为高校管理工作的必然趋势。通过信息化手段，管理工作可以更加高效和便捷。例如，利用校园管理系统，学生可以在线进行请假、宿舍报修、选课等事务，减少了烦琐的流程，提高了管理的透明度和效率。同时，管理者也可以通过这些系统实时掌握学生的动态，及时应对突发情况。

第二，互联网思维的引入。新时代的大学生成长于互联网时代，他们的学习方式、思维模式和行为习惯与过去有很大的不同。因此，高校管理者必须具有互联网思维，善于利用社交媒体等新兴平台与学生进行沟通和互动。例如，学校可以通过微信公众号、微博等平台发布管理信息、开展在线活动，拉近与学生之间的距离，增强管理工作的亲和力和时效性。

第三，多元文化背景下的管理。随着全球化的深入发展，越来越多的国际学生来到中国高校学习，这为学生管理工作提出了新的挑战。如何在多元文化背景下，兼顾不同文化背景学生的需求和特点，是管理者必须思考的问题。管理者应加强对不同文化背景的了解，尊重文化差异，在管理过程中采取灵活的方式，确保每个学生都能感受到关怀和尊重。

（三）层次性与学生管理工作的融合

层次性是学生管理工作中不可忽视的重要原则。学生作为一个多样化的群体，具有不同的年龄、背景、兴趣爱好和心理发展阶段。因此，管理工作必须体现层次性，根据学生的个性特征和发展需求实施差异化管理。

第一，按年级实施分层管理。在高校中，不同年级的学生处于不同的发展阶段，其需求和问题也有所不同。例如，刚进入大学的一年级新生，往往面临适应新环境、规划学业和人际交往等方面的挑战。管理工作应侧重于帮助他们尽快适应大学生活，提供学业指导和心理支持。而对于高年级学生，特别是即将毕业的学生，管理工作的重点应转向职业规划和就业指导，帮助他们顺利过渡到社会工作中。

第二，针对不同专业和兴趣的个性化管理。学生的专业背景和兴趣爱好也是管理工作中的重要考虑因素。例如，艺术类专业的学生通常需要更多的自由和创造空间，而理工科学生则可能更加注重实践与实验条件。因此，管理者应根据不同专业的特点，提供个性化的支持和服务，确保学生在管理制度下依然能够最大程度地发挥其潜力。

第三，心理健康与特殊学生群体的管理。随着社会压力的增大，大学生的心理健康问题日益突出，特别是一些心理脆弱的学生更容易在高压环境下出现问题。因此，针对这部分特殊学生群体，管理工作必须采取更加细致和人性化的方式，建立健全的心理辅导机制，及时发现并解决问题。同时，对于家庭经济困难的学生，学校应提供经济援助和心理支持，帮助他们克服困难，顺利完成学业。

二、科学性、时代性与层次性相融合的路径

要在高校管理工作中实现科学性、时代性与层次性的有机融合，首先需要管理者具备全局意识和创新思维，善于结合科学的管理理念、现代科技手段和个性化的管理模式，确保管理工作的有效性和人性化。

第一，构建科学的管理体系。科学性是基础，高校应建立完善的管理制度体系，将管理的各个环节标准化、制度化，确保管理工作有章可循。同时，管理者应具备一定的管理理论知识，运用科学的管理工具和方法进行决策和执行。

第二，推动信息化管理平台的建设。为了顺应时代的发展，高校应加快信息化

建设，推动智能化管理平台的应用，实现管理工作的现代化和数字化。这不仅能提高管理效率，还能为学生提供更加便捷的服务，增强管理的灵活性和适应性。

第三，实施分层管理和个性化服务。层次性的体现要求管理者在实施管理时，充分考虑学生的个体差异和发展需求，采取分层管理、因材施教的方式。例如，根据学生的学业成绩、心理健康状况和家庭背景，提供有针对性的帮助和支持，确保每个学生都能得到公平和适合其发展的管理服务。

第六章 学生管理的创新实践探究

第一节 信息化思维下的学生管理创新

随着经济社会的快速发展，信息化成为目前社会发展的主要趋势，信息化发展带动了我国政治、经济以及文化事业的改革，信息时代的来临给今天的社会生产和生活各个方面带来了较大影响。高校学生教育是国家兴盛的重要基石，高校学生管理工作同样受到信息化发展的影响。信息化的普及极大地为学生的学习、生活等提供了便利，同时也大幅地提高了高校学生管理部门的效率。信息化推进了高校数字校园的建设，实现学生事务管理、教师教学和学术研究整体信息一体化。另外，信息化为高校人才培养模式提供创新思路，促进高校培养模式与时俱进，不断适应新时期社会发展和需求，培养出更多高层次人才能够在社会竞争中脱颖而出，为社会经济发展贡献自己的力量，而人才培养模式的转变又将带动高校信息化管理的发展。

"在当前信息化时代，网络科技的发展，促使电脑、手机成为报纸、广播、电视之后新的运用媒体，以个人微机、平板电脑、智能手机等形式深入到大学生的生活之中"[①]。手机网民规模的持续增长促进了手机端各类应用的发展，成为中国互联网发展的一大亮点。大学生作为对信息反应快的群体，是使用手机上网的主力军，他们的积极参与推动了新媒体运用的风生水起，促使各类信息爆炸式地呈现，体现出传播速度快、信息容量大、覆盖范围广等全新的传媒特性，具有高度开放性、个体相互影响性、全球交互性等特征，对高校大学生思想倾向、价值观选择、学习方式的运用影响较大。

---

① 王新峰，盛馨. 信息化思维下的高校学生管理 [M]. 长春：吉林文史出版社，2016：215.

一、信息化思维下学生管理创新的思路

（一）信息化思维在学生教育管理创新中的优势

信息化思维在学生教育管理中的应用已成为现代教育发展的重要趋势。信息技术的迅速发展，尤其是大数据、人工智能、云计算等新兴技术的广泛应用，不仅改变了传统教育的教学方式，也为学生教育管理的创新提供了新的思路和工具。信息化思维，作为一种基于数字技术的全新思维方式，具有数据驱动、实时反馈和精准决策等特点，能够有效提升学生教育管理的效率和质量。

第一，信息化思维的核心优势在于数据驱动的决策支持。传统的学生管理往往依赖于人工经验和直觉，决策过程中难免会受到主观因素的影响。然而，在信息化思维的框架下，通过对大量学生数据的收集和分析，教育管理者可以更加客观、科学地进行决策。例如，通过大数据技术，管理者可以精准分析学生的学习轨迹、心理变化和行为特征，及时识别出有潜在问题的学生，进而采取相应的干预措施。这种基于数据的决策不仅提高了管理的精准度，也增强了问题预判和解决的有效性。

第二，信息化思维促进了学生管理过程中的个性化服务。随着学生个体差异的增大，传统的"统一管理"模式已经难以满足学生的多样化需求。信息化思维通过大数据分析和人工智能技术，可以为每位学生量身定制个性化的管理方案。例如，通过分析学生的学习数据，教育管理者可以为学生制定个性化的学习计划和辅导方案，从而帮助他们克服学业上的困难。此外，信息化管理还可以为学生提供心理健康方面的支持，利用人工智能对学生的心理状态进行监测和分析，并在出现问题时及时发出预警。这种基于个体差异的管理模式，不仅能够提高学生的满意度，还能够增强教育管理的针对性和有效性。

第三，信息化思维能够提升学生教育管理的实时反馈和互动性。在传统的学生管理中，管理者和学生之间的互动往往是单向的、被动的，缺乏及时性和灵活性。而在信息化思维的推动下，管理者可以通过多种渠道与学生进行实时沟通与反馈。例如，通过学校的在线管理平台或社交媒体，管理者可以随时了解学生的需求和意见，及时调整管理策略。此外，学生也可以通过这些平台与管理者进行互动，表达他们的需求和建议。这种双向互动模式不仅能够提高学生参与管理的积极性，也能够使管理者更加了解学生的真实想法，从而做出更加符合学生需求的决策。

第四，信息化思维还能够有效提升学生管理的效率。传统的学生管理往往需要大量的人力和时间投入，管理者需要处理繁杂的文书工作，难以集中精力关注学生的实际需求。而通过信息化工具，许多管理事务可以实现自动化处理，从而提高了管理效率。例如，学生的出勤情况、成绩记录、活动参与等都可以通过信息系统实现自动采集和分析，管理者只需要根据系统提供的数据进行决策即可。这种自动化管理不仅减少了管理者的工作负担，还能够让他们有更多的时间和精力关注学生的成长与发展。

第五，信息化思维的优势还体现在信息安全与隐私保护方面。在信息化时代，学生的个人信息、学习数据等都存储在数字平台上，信息的安全性和隐私保护成为教育管理中的重要议题。信息化思维通过先进的加密技术和数据安全管理策略，能够有效保障学生信息的安全性。同时，信息化平台也可以为学生提供更多的自主权，让他们能够更好地掌控和管理自己的信息，增强学生对教育管理系统的信任感和参与感。

（二）推进学生管理创新是形势发展的需要

第一，推进学生管理创新是适应高等教育大众化发展的需要。近年来，我国高等教育步入快速发展的轨道，高等教育规模的迅速扩大，学生人数的成倍增长以及高校内部改革的逐步深化，尤其是学生生活社区化、弹性学分制的实行和班级概念的淡化，都不同程度、不同方面地影响着学生管理工作，并对高校学生管理工作提出了新的要求与挑战。高校学生管理工作只有积极创新，优化管理资源配置，才能适应大众化发展的要求。

第二，推进学生管理创新是培养创新人才的需要。随着科学技术的不断发展和进步，要想满足社会对人才的需求，必须加大对高校学生的培养力度，培养出综合素质足够高的专业化人才。要想实现这个人才培养目标，必须加大教育创新和制度改革，不仅要创新教育管理观念，还要创新人才培养模式。在高校教育当中，学生信息化管理工作比较重要，也是培育人的主要方式，学生管理创新不仅是培养创新人才的需要，也是高校教育创新的主要内容之一。

第三，推进学生管理创新是加强和改进学生工作的内在需要。学生管理是以对学生的学习、生活、思想、行为等进行科学的教育引导的特殊管理活动。当前，社会生活方式多样化、思想观念多样化、经济成分多样化使学生的价值观念、生活方式都奠定了深刻的时代烙印，尤其是互联网的发展和信息的多元化，对学生的学习、生活、思想观念产生了巨大的影响，而开放的教育背景，学生主体意识、民主法治意识的增强，使学生个性更加张扬，更加关注自我。在这种形势下，学生管理如果仍沿用传统封闭、单一的管理模式，将很难奏效，只有顺应时代潮流，尊重学生的个性与主体意识，以非常规的思维，进行管理理念、管理手段、管理模式的变革与创新，才能发挥其管理育人的价值。推进学生管理创新，既是加强和改进学生管理的内在需要，也是提高高等教育质量的迫切需要。

（三）开拓学生管理工作的新思路

面对当代大学生中所出现的新特点和存在的新问题，如何做好高校大学生的管理工作，培养出高素质的合格人才，已成为一些教育管理者研究的课题。以往单纯说教式的管理方式已不适应新时期的发展要求，必须调整我们的工作方法，树立新的管理理念，开拓新的工作思路。

1. 重视情感教育

所谓情感教育，就是要求我们在日常管理工作中，要晓之以理、动之以情，以理服人、以情育人，理中有情、情中有理。首先，应该把学生当"人"管，而不能把学生当"物"来管；其次，在学生教育管理工作中，要以情感为基础，以教育为目的，寓情于教；再次，在教育管理过程中，要以情感为基础，以尊重为前提，因势利导，教育和管理学生，做好转化工作；最后，要以情感为动力，以舆论为导向，不失时机地赞扬、鼓励学生，以情激情，培养学生高尚的道德情感。

2. 树立人本观念

（1）师生之间应树立平等意识。要想促进师生之间的良好交流和沟通，必须采取有效措施，改善师生关系，对于师生关系来说，对应的是平等的关系，是基于人格平等上的合作交流关系。在师生关系建立当中，必须凸显出学生的核心主体地位，教师要起到良好的引导作用，学生才是学习的主人。在具体的教学管理活动开展中，教师要让学生学会自我管理，不要进行过多的干预。

（2）教师要尊重学生的个性差异。针对素质教育来说，其核心是个性化教育，针对不同的学生来说，是存在一定差异性的，要想从根本上提升教学效率、保证教育成功，就必须尊重学生，采取个性化和专门化的教育方法，针对不同的学生，要采取相应不同的教学方法，通过加强个性化教育，可以为学生创设良好的学习环境和学习氛围，从根本上提升学生的思维创新能力。

（3）教师要树立"学生是发展中的人"的意识。在教育过程中，作为被教育者的一代年青学生，他们身心发展与成人有所不同，从他们的纵向成长和横向变化来看，都还处在不断发展的过程之中，具有极大的发展潜在可能性。他们的发展，除了先天遗传素质外，往往与外界一定的环境、教育条件密切相关，无论生理方面和心理方面都在学习过程中通过遗传、环境、教育的交互作用，逐步趋向成熟。这种成熟时而发展迅速，时而发展缓慢，呈波浪式前进。因此，作为教育者和管理者，就不能用对成人的标准去要求学生，更不能用凝固的观点去看待、指责他们，或是听任他们自由发展。相反，应该针对他们身心发展不同阶段的具体特点，加以引导。

（4）培养学生的责任意识。班级管理中的责任意识主要是指道德意识。一方面，要培养学生对一切束缚个性、奴化愚民、等级观念的疾恶如仇的个性；另一方面，又要教育学生存大义去自私，做一个有责任感的人。

3.树立以学生为本理念

树立以学生为本的管理理念，就是要求管理者在管理的过程中，把学生看作管理的核心，一切工作以学生为中心展开，把关心学生、尊重学生、激励学生、解放学生、发展学生放在首位，最大限度地满足学生的需要，最充分地调动学生的主动性、积极性、创造性。具体而言，就是要求我们在学生管理的过程中，深入了解学生，认真研究学生的需求，把发展学生的综合素质和创新能力作为学生管理工作的出发点和落脚点。全员参与是指高校学生管理工作主体的全员化。高校学生管理工作千头万绪，只靠政工干部"独家经营"难以完成。推进学生管理创新，要树立全员参与的大教育管理观，强化学校党政各部门和单位的育人和管理意识，充分调动学校内外各方力量和各方面人员参与学生管理的积极性，建立起以学校学生工作部门与学生工作队伍为主体，校内各部门、教学人员、教辅人员、学生干部、社区管理人员齐抓共管，管理、教育、服务相结合，学校、家庭、社会相配合全方位的学生管理新格局，从而形成管理合力。

4.借助现代科学技术，构筑学生管理信息平台

当前科学技术飞速发展，信息技术的进步和互联网的发展更是日新月异。随着高校校园网络化、数字化进程的加快和校园网的普及与发展，大学校园正成为我国互联网用户最密集的区域，大学生已成为上网的最大群体之一。作为新的信息传播媒体，互联网已成为大学生们获取知识和各种信息的重要渠道，并对他们的学习、生活、思想观念、行为方式、个体心理产生了深刻的影响，对大学生教育管理带来了一系列革命性的挑战。作为管理者，必须学习掌握计算机应用技术，努力探索网络时代学生管理的新方法、新途径，创新学生管理手段，提高学生管理工作的信息

化水平、科学化水平，只有这样，学生管理工作才有吸引力。

具体而言，一是要建立学生信息管理数据库。信息是管理活动不可或缺的资源，全面、详细地掌握学生的信息，是做好学管理工作的必备条件。为此，我们从大学新生开学伊始，就要开始收集、整理学生各方面的信息，例如建立新生录取信息数据库，做好学生登记表，学生家庭联系表，困难学生情况表等，同时将学生成绩、获奖情况、组织发展等学生发展的动态信息及时输入，进行加工、处理，制成电子档案，为有的放矢地开展学生管理和教育奠定基础；二是建立学生管理服务平台。如通过学生工作专题网页、微博、博客、腾讯 QQ 群等形式建立学生管理服务平台，主动占领网络阵地。学生管理服务平台的内容要符合学生的生活、学习、思想需求，各种信息要贴近管理、贴近生活、服务教学。

5.组织学生工作队伍，健全学生管理机构

学生工作队伍是学生管理主体的主要力量，是学生管理活动的主要执行者。管理机构是管理主体的组成形式，是组织内管理活动及其他活动有序化的支撑体系。整合学生工作队伍，健全学生管理机构是学生管理资源有效配置的重要方式，是推进学生管理运行机制创新的有效举措。从目前高校的情况来看，学生管理队伍一般是由校党委副书记、党委学生工作部管理人员和学院党委副书记以及辅导员系列组成，辅导员、班主任是学生管理工作的中坚力量，其执行力直接体现学生管理工作的水平。学校要根据辅导员队伍专业化发展的方向，进一步整合学生工作队伍团队，构建高起点的工作平台，从根本上扭转学生工作的临时思想和应付思想。同时，在学生管理机构上，一般由党委学生工作部门和学院党委学生工作办公室组成，由党委学生工作部门统领学校的学生工作，作为学生管理的基层单位，要直接广大面向学生，要将成千上万学生的管理工作做细致，还必须有更加健全的机构和网络去实施管理活动。

6.建立以学校学院为主体，推进学生管理模式创新

高校学生管理，就是通过制订一系列规章制度、行为规范、管理措施等，对学生思想和行为进行科学的引导和制约，是管理者有意识、有目的地使大学生健康成长、顺利成才的活动。而高校学生的思想和行为是多维因素综合影响的结果，所以对高校学生的管理应该是多维主体共同实施管理活动的过程。在多维主体中，学校是高校学生管理的主体，社区是学生管理的重要依托，家庭是学生管理的重要合作者。

（1）学校是学生接受教育的重要场所。对于学校规章制度以及相关管理方法来

说，是可以对学生学习行为起到导向作用的，在具体的高校学生管理当中，必须在结合学生思想特征和实际情况的基础上，明确科学合理的人才培养目标，还要在结合学生身心发展规律的基础上，实现刚性管理和柔性管理的有效结合，凸显出思想教育的激励价值，营造出良好的教育管理氛围。

（2）社区是学生管理工作的重要依托，是学生管理工作组织机构的重要组成部分。学生社区既是学生生活、人际交往、娱乐的重要区域，也是学生学习和社会工作的重要场所，尤其是随着大学城和公寓化等大型学生社区的兴起，社区对学生思想观念、价值观念的影响将更为广泛、深刻。目前，很多学校在学生社区成立了公寓管理中心，使学生社区不致成为学生管理的"真空"和"盲区"，拓宽了学生管理的空间。学生社区管理中心在加强宿舍管理、营造社区的文化氛围方面起到了积极的作用。学院和学校职能部门、基层学生管理者必须重视加强与公寓管理中心的沟通与互动，将学生社区管理过程中存在的问题和出现的情况、学生思想动态及时交流、反馈、协调，共同研究解决，防止出现社区和学生管理责任互相推诿、牵扯或"两张皮"的现象，增强管理效力。

（3）家庭是社会的细胞，是高校学生管理体系中不可分割的一部分。要想加强高效学生信息化管理，还需要学生家长的配合，高校教师必须加强和学生家长的交流沟通，创新并完善学生家长联系制度。例如，部分家长在与我们电话联系的同时，还发邮件或登录学校有关网站留言反馈学生的信息，交流教育经验，为推动学生管理起到了积极的作用。通过严格遵循学生家长联系制度和标准，可以从根本上促进高校学生管理工作的有效落实，还可以扩大学生管理方法的应用范围，从根本上优化学生管理效果。高校学生管理创新工作难度是比较大的，针对高校学生管理人员，必须在结合信息化思维特点的基础上，不断创新和完善学生管理方法，还要及时了解学生管理变化情况，从根本上推进学生管理创新。

二、信息化思维下学生管理创新的方法

（一）思想理念的创新

高校学生管理工作的创新的基础和前提是理念创新。理念是高度凝结的集体式智慧，核心是自主创新能力，既强调外在显性理念，还强调潜在的隐性理念。高校学生管理工作的创新，要让学生管理工作人员都能够与时俱进，及时更新个人理念，形成创新高校学生管理事务，提升管理工作效率的新理念。更新高校学生管理创新

理念的具体途径如下：

1. 领导者要与时俱进，以人为本的理念

在当代社会迅速变迁的背景下，领导者的与时俱进及秉持以人为本的理念显得尤为重要，尤其在推动组织或机构，如高校的信息化建设进程中。信息化建设不仅是一项技术革新，更是管理理念与人文关怀深度融合的体现。高校作为知识创新与人才培养的前沿阵地，其信息化建设不仅要求领导者具备敏锐的时代洞察力，紧跟信息技术发展的最新趋势，还需深刻理解信息化对教育模式、管理方式的深刻影响。领导者需不断自我提升，积极吸纳先进的信息化管理理念，以全局视角审视信息化建设，确保规划的前瞻性和可行性。

尤为关键的是，领导者需将以人为本作为信息化建设的核心理念，确保技术服务于人，而非人受制于技术。这要求领导者在制定信息化战略时，充分调研师生需求，确保信息化建设方案贴近实际，满足个性化与多样化的学习、工作需求。通过实施目标管理和过程激励，激发全体成员参与信息化建设的积极性，形成上下一心、共同推进的良好氛围。

此外，领导者应引入系统动力学理论和项目管理思维，将信息化建设视为一个动态、复杂的系统工程，注重资源的最优配置与平衡，确保信息化建设在提升管理效率的同时，也能促进学生的全面发展。这种以人为本、科学管理的信息化建设路径，不仅能有效推动高校学生管理工作的现代化，还能为高校的长远发展提供坚实的支撑，其理论与实践价值不可小觑。

2. 管理人员应具备服务意识，自觉用信息化平台

校园的信息化系统是为高校所有人服务的，同样高校管理人员也是校园信息化系统使用的重要主体，而采用网上办公高校教师参与是信息化建设的一个重要手段。高校管理人员应该加强自身服务意识的培养，在使用信息化办公系统时能够从服务的层面提出相应的意见和建议，以加强对信息化系统的进一步改善。同样，由于我国多数高校的管理人员属于不同于教师阶层，来源于很多不同的专业，许多非计算机或信息化相关专业的人员信息化水平较低，因此，信息系统的使用对他们而言有时候使用起来往往会出现不同程度的问题，因而他们仍然习惯于按传统的手工模式进行日常办公。所以，高校应该在信息化建设的同时加强对学生管理工作人员的教育和培训，引导他们积极养成自觉利用信息化平台的理念。而管理人员本身则要在观念上对信息化的理解要加强，在理念上要跟上学校和社会信息化的步伐。高校要

通过培养管理人员的信息化意识，使其能够轻松使用信息化系统基础上实现成本的节约和效率的提高。

3. 学生要理解信息化便利，积极使用信息化系统

现代化的信息手段的应用不但使学生的学习效率有了大幅的提升，而且使学生的在学习和生活上有了更大的自主性和灵活性。当前很多高校都实行了校园一卡通，像银行卡一样大小的信息卡片集成了学生证、门禁卡、饭卡、借书卡等一系列与学生密切相关的信息，给学生提供了极大的便利。同样，大量信息终端的设立也使学生传统的学习生活中融入了大量的信息化内容，虽然在某种程度上对学生信息化素养的要求有所提升，但是其所带来的优势则不言而喻。在现实生活中，学生乐于接受新事物的特性也让学生更加热衷于信息化产品的使用，但是由于高校学生自身的心理和性格特征，高校还是要在加强学生信息化素养的培养、信息化资源开发和使用上给予必要的引导，保证信息化能够成为学生学习和生活的重要工具。

4. 技术人员需增强服务意识，有效树立合作

高校信息技术人员在高校信息化的建设和维护中发挥着主导作用，因此高校应该确保管理和维护专业技术人员能紧跟科技发展的步伐。由于专业的原因，很多高校信息技术人员工作的出发点往往只停留在技术层面，很难对各部门实际的需求有一个很好的把握。因此，高校信息化技术人员应该与一般技术人员不同，高校要努力培养他们的服务意识。前期调研时，要通过对学生、行政管理人员和其他管理人员的交流，了解不同人员的信息化需求。在信息化产品使用过程中，信息化技术人员也要对产品有一个清晰的把握，以求根据学校的实际情况，加强信息化产品的创新性和务实性，从技术层面和实际应用的需要对信息化进行相应综合的设计和建设。

在高校学生信息化管理当中，还要严格遵循"以人为本"原则，要做好关爱学生和保护学生，促进学生的个性发展，从根本上提升学生的独立思考能力，加大对学生全面发展以及学习需求的关注度，旨在促进学生健康成长和高校学习。

信息技术提供的自动化功能和通信功能，有助于构建各类管理应用系统，提高管理的效率；信息技术强大的通信和交互功能，有助于畅通与学生沟通的渠道；借助信息技术构建各类应用平台，开展管理机制创新和应用，可以不断提升学生管理和服务水平，让网络成为传承人类道德普遍价值的新手段。高校要重视网络平台的建设，开展以人类道德普遍价值教育为主题的网上论坛、网上交流、网上辩论赛、网上教学等活动，在校园博客、论坛中将人类道德普遍价值贯穿于新闻的报道，通

过大家的相互交流、对话和积极渗透，倡导积极、健康、文明、进步的价值观，不断改进和提升网络平台，强化民族精神，增强网络的宣传力和影响力。

（二）组织结构的创新

创新高校学生管理组织结构是信息化背景下高校发展的有效动力。高校学生管理信息化不是在现有的基础上增加了计算机，添加了多媒体设备或是管理信息系统等软件，更多的应该是按照现代大学管理理念对高校学生管理的各个环节和各种资源的优化重组，在重新进行科学定位的基础上，进行信息流程的合理设计，以保证各种信息资源能够在网络环境下得到及时、准确、高效地传输，从而满足各项管理工作的需要。因此，要推进高校学生管理的信息化，就必须在原有的组织结构上进行新的设计。

1.构建高效的学生管理信息化组织结构

高校信息化建设中成立信息化工作领导小组或者委员会，设置信息主管 CIO 职位，并在校一把手的直接领导下具体负责校园信息化建设的体制是目前高校信息化建设所推崇的。在具体实施中，学校信息政策、标准由 CIO 负责制定并对全校信息资源进行管理、协调校内各个职能部门和行政管理人员，从管理的层面有意识地选择和使用信息技术，通过对筛选后的信息资源进行进一步筛选和挖掘以实现对数据的有效利用。CIO 结构的信息化组织体制，在促进高校学生管理体制的变革和学校专业结构的调整与重组，提升高学校的管理决策水平层面发挥着积极的作用。其次，在调整信息化组织结构的同时，还要对学校信息化领导小组的组织体制进一步完善。在浙江省高校进行信息化的建设进程中，信息化领导小组作为全校信息化建设的授权委托机构，有着管理和规划各职能部门的行政管理人员以及各院系的师生的作用，信息化办公室作为信息化领导小组的实际职能部门同样既是信息化校园的用户和服务对象，也是信息化校园的服务提供者，并代表各自所属实体维持整个校园信息系统的运作。

2.优化学生管理体制

（1）学生工作组织结构的结构。

第一，直线型层级结构。目前，我国众多高校的学生工作组织结构主要是校与院（系）两级管理和条块结合的运行机制的直线型层级结构体制。直线型层级结构依靠迅速决策，灵活的指挥，让决策层能够快速控制相关的职能部门和院（系），进而整合校内各种资源，推进学校全局工作的开展。这些优势让直线型层级结构体制仍然广泛应用于高校学生管理中，但是其管理过程中多层领导条状分割，职能内容交叉重叠，沟通协调困难等问题也是显而易见的，如高校学生军训工作多由保卫处（人武部）、资产管理处、学生处、院系等多个部门参与，需要很大的横向协调性，如果在工作的开展中不能进行专业化的指导，那么很容易造成非整个军训工作的领导不出面负责，而应该负责的领导又不出面的两难境地。

第二，横向职能型结构。以一级管理体制和条状运行机制为特点的横向职能型结构管理模式目前仅在国内的少数高校实行，它们最初也是借鉴或参考美国等西方高校学生事务管理模式建立的。由于其只在学校一级层面进行学生工作管理机构的设置和权限分配，然后再根据分工由各个职能科室直接面向学生和学院社团组织开展工作，学生管理工作由学校直接面对学生开展和多头并进条状运行是其最大特点。同样，其所具备的管理扁平化、分工明确、组织跨度大等特点使其减少了管理层级，工作职能直接延伸到学生之中，横向协调也更加容易，指挥也更加灵活机动，致使决策者对管理的潜在影响增强。但是在这种组织结构下，高校学生工作人员往往会因为组织结构本身对专业化和管理层次的减少过分专注，致使工作的强度增加，心理压力增大。在工作负荷增大的情况下必然会导致学生管理工作人员的工作效率较低，而如果继续在院（系）一级保留辅导员制度，依然会使辅导员因为隶属关系不明确而产生工作职责不清晰的问题。

（2）网上业务协同矩阵管理结构。网上业务协同矩阵管理结构作为一种现代信息化管理模式，能够有效提升高校的管理效率和业务协同水平。其核心理念是通过跨部门的信息共享和业务协同，打破传统的职能壁垒，形成灵活、高效的矩阵式组织结构。这种模式特别适用于高校学生事务管理，能够整合教务、财务、后勤、宿舍管理等多个职能部门，实现网上业务的高效协同。

第一，网上业务协同矩阵管理结构打破了传统管理的部门界限。在传统的高校管理模式中，学生事务往往由不同的职能部门分别负责，信息流通缓慢，导致学生在处理事务时需要频繁跨部门沟通，增加了管理的复杂性。而通过网上业务协同矩阵管理结构，各职能部门的信息和业务可以在同一平台上实现共享和互通。这不仅减少了重复劳动，还提高了事务处理的效率。例如，学生的选课、宿舍安排、奖学金申请等事务，原本需要分别向教务处、后勤处、财务处等部门提交申请，但通过矩阵管理结构，学生可以在一个统一的系统内完成所有流程，而各职能部门也能通过系统实时获取相关信息，实现无缝对接。

第二，信息技术为网上业务协同矩阵管理结构提供了技术支持。高校数字化、智能化的校园建设为矩阵管理结构的推行奠定了基础。通过大数据、云计算、人工智能等先进技术，学校可以建立一个统一的信息化平台，将学生的学习、生活、奖惩、资助等信息进行整合，并形成电子档案库。这种电子档案库不仅包含了学生的基本信息，如姓名、性别、出生年月、学籍等，还能记录学生在校期间的奖惩记录、课程成绩、实习经历等动态信息。通过这些数据，管理者可以全面、客观地了解学生的成长过程，进而为后续的教育管理决策提供依据。

第三，矩阵管理结构的跨职能协同优势在于能够提升决策效率和精确度。传统的高校管理模式中，各部门的信息往往是独立存储的，数据的分散性导致决策信息不全，决策效果难以保证。而矩阵结构中的信息共享机制使各部门能够基于同一数据源进行决策，避免了信息不对称问题。例如，学校的财务处、教务处和学生处可以共享学生的学习、生活和财务状况，从而能够综合评估学生的整体表现，做出更加科学的奖惩和资助决策。此外，通过这一管理结构，学校可以迅速应对学生事务中的突发事件，部门间的沟通和协作更加高效，提升了事务处理的灵活性。

第四，网上业务协同矩阵管理结构有助于促进高校的服务创新。随着学生需求的日益多样化和复杂化，传统的单一管理模式已无法满足学生的个性化需求。矩阵管理结构能够为学生提供更加灵活和定制化的服务。例如，学生在申请奖学金时，可以通过统一的在线系统提交申请，各相关部门能够在同一平台上进行审核和反馈，减少了冗长的审核流程。同时，信息化平台还可以根据学生的需求提供个性化的建议和支持服务，如通过数据分析为学生推荐相关的学习资源、就业机会等。这种创新型服务模式不仅提高了学生的满意度，也促进了学校管理模式的转型升级。

第五，高校信息化建设的推进是矩阵管理结构成功实施的关键。虽然目前许多高校已经开始在信息化建设方面取得了一定的进展，但要实现全校范围内的业务协同矩阵管理结构仍需克服多方面的挑战。一方面，高校需要加大对信息化基础设施的投入，确保各职能部门之间的数据可以顺畅流通，避免数据孤岛现象；另一方面，信息系统的安全性和稳定性也至关重要，高校必须采取严格的措施，确保学生信息的隐私和安全。只有在充分保障信息安全的前提下，矩阵管理结构才能真正发挥其优势。

第六，矩阵管理结构的实施需要组织架构的调整与配合。为了推动这一管理模式的落地，许多高校已经设立了专门的部门和岗位，如信息化办公室、综合服务中心等。这些新设机构的职能在于协调各职能部门之间的协同工作，并确保信息化管理的顺利推进。通过这些调整，高校可以逐步打破传统的职能壁垒，形成更加扁平化和灵活的管理架构，从而为学生提供更高效的服务。

（三）管理手段的创新

1.适应发展需求，转变管理方式

信息技术的快速发展，必然要求对原有的管理方式进行创新，要适应学生管理信息化的需求，对学生管理的方式进行新的转变。在学生管理信息化项目实施前，高校应设置信息化工作领导小组，兼顾目标管理、过程激励型、项目管理及系统动力理论，运用项目管理系统的观点、方法和理论，对项目涉及的全部工作进行有效的管理，以成功地达到预期工作的目标。信息化项目随着管理的需要而提出，必然在流程上、结构上体现管理的思路与方法，不同的管理体制需要不同的软件产品来适应。因此，在高校学生管理信息化项目的推进过程中，必然需要了解原有的管理方式，需要找出现行学生管理方式与软件产品的最佳结合点。其次，在后期的学生管理信息化过程中，高校学生管理一线人员要从封闭的局域性管理向开放式的网络化管理转变，由手工的定性单项管理向网络化的定量综合科学管理转变，高校学生管理一线工作人员应努力使用现代信息技术，大胆探索学生管理的新方式和新途径。

2.抓好队伍建设，加强人员素质

在信息化条件下，高校建立一支高质量的信息化学生管理工作人员队伍，是加强学生管理，完成人才培养任务的根本保证。高校学生管理工作者的队伍应该由专兼结合、多层次的人员组成。这支队伍不仅应当具有较深厚的学生管理理论水平，而且又具有强烈的政治使命感和责任感，不仅应当具有实际的高校学生管理工作经验，而且又具有较熟练使用网络技术和软件开发技术的能力与水平；还要具有新形势下学生管理工作的开拓和创新精神。其次，要建立一套与人才培养相适应的日臻完善的学生工作管理体制，理顺关系，分清职责，加强学校学生管理部门宏观管理和决策功能，充分发挥学生管理人员的主观能动性。再次，要建立培训机制，根据队伍人员的素质、层次特点，实行交叉融合培训，让具有丰富学生管理信息化经验的专门人才培训辅导一些新的学生管理工作一线人员，同样，要加强信息化理论的培训，让有着扎实计算机网络、软件基础的应用人才培训辅导信息化产品的使用，使高校学生管理者能提升其在学生管理与信息化管理优化组合的能力及网上操作的能力，确保高校学生管理信息化建设的深入进行。

3. 依托信息化平台，提高学生管理精细化程度

学生管理工作精细化，是指学生工作不仅要做好，更要做精、做细，精则精益求精，高标准，严要求，一丝不苟；细则细致入微，春风化雨，润物无声。要积极推进信息化技术在高校学生工作精细化管理中的应用，在推进学生管理工作整体高水平高质量同时也要使用信息化技术追求学生个体个性发展，促进学生的全面成才。信息化背景下学生工作精细化的工作出发点是以学生为根本，因此，在具体工作开展中应使用信息化手段注重个体指导，有效提高教育效果。但同时，学生工作精细化又是一种形式，一种目标和态度，学生工作精细化就像是农业生产的精耕细作一样，只不过我们对象换成了学生，手段也加入信息化技术。要达到精细化的学生工作就要充分利用信息化平台，做好学生教育工作的精细化、学生管理工作的精细化和学生服务工作的精细化。

4. 加强管理，优化信息化保护体系

信息系安全等级保护是信息化保护系统的重要组成之一。高校学生管理信息化作为学生管理工作中的一项重要工程，其设置信息系统安全等级保护就显得尤为重要。在具体实践过程中高校应该充分考虑网络信息安全问题，按需购买硬件设备及网络防火墙、入侵检查系统等设备。其次，在各信息系统的使用过程中应该设置严格的等级权限，给各个职能部门分配各系统的账号同样应该适合该部门的职能和权限要求，没有必要就不应该出现交叉重叠的权限，同时应该提醒各具有管理员权限的工作人员注意保护好账号的安全，以防泄漏。最后，应该制定规章制度保护信息的安全，对于因学校内部人员疏忽或者恶意入侵学校信息系统的人员应该予以严厉的处罚，同样，对于私自盗用系统账户的学生也应该加大惩罚的力度，以确保在主观意识上保证学生管理信息化的安全。

（四）技术支持体系的创新

1. 加大硬件方面的投入

计算机、网络的配置是学生管理工作信息化建设的硬件基础，要想真正实现学生管理工作信息化，学校必须加大投入力度，完善信息系统基础设施建设。高校学生管理信息化也要求能够创新应用模式，积极加强新信息技术应用与尝试，试图以已建成的校园网为骨干，依托网络技术和各种信息化系统，重视信息化的实用性功能，整合自动办公系统、无线电信资源，借助网络以数据流的形式在各个角色之间流转与共享。同时，应加大基础设施建设力度，这既要靠高校自身的资金投入，也要靠

引入市场机制，通过与信息化企业（如中国联通、中国移动）的合作，全方位提升学生管理信息化水平。

2. 以数字校园智慧校园为基础

在高校，数字化把高校的管理和教学带入一个全新的网络信息化时代，也给高校的学生工作带来了极大的便利。同样，近年来，随着信息技术，特别是信息高速公路的发展，世界各国都已大踏步地迈入网络化、信息化的大门，信息技术的发展和应用，极大地改变了人们的生活方式，也给各行各业带来了深刻的变革。与此同时，信息化的发展开启了智能化的时代。

3. 运用物联网及 LBS 技术创新学生管理工作

保障高校学生安全是目前高校工作的重点，创建平安校园也是目前高校的一项重要任务。但是如何能够在最大限度地为学生提供服务的高校的日常管理中做到学生在校生活的安全，这是目前各高校迫切需要解决的问题。目前，物联网的应用在高校日渐增多，物联网能够借助无线数据通信等技术完成对信息的收集，同时还能对搜集的数据进行进一步处理并发送给用户。在学生日常安全管理工作中，如果能够把相关感应器和识别设备置放在像教室、食堂、图书馆、寝室等学生活动的相关区域，那么一旦学生进入或者离开，手机就会发出相应信息提示或者警告，同样，如果在寝室里安装感应识别系统，那么晚上学生进出寝室就可以通过自己的一卡通实现楼层寝室门的开关工作，极大地便利了学生的日常生活。通过"物联网"，学生管理者可以通过随时掌握学生的准确位置和其他情况起到预防不安全事故的发生的作用。学校也可以把 RFID 读取器架设在教室、寝室门口、大楼入口处、走廊、图书馆和顶楼等地点，同时在每个学生的手机或者饭卡中安装 RFID 标签。这样当学生离开寝室时，学生手机就会通过 RFID 读取器会提示今天上课要带哪些书，有哪些活动需要参与。其次，物联网还能给学生的日常学习和生活提供便捷，如当学生到图书馆借书时，通过 RFID 读取器，图书馆的门禁系统也会自动打开，这样不但加强了图书馆的安全，也同样给学生借书提供了方便。

4. 应用新媒体加强学生思想政治教育

新媒体是在信息化和数字技术支撑体系下出现的媒体形态，其通过计算机网络、无线蜂窝网、卫星等介质，给人们提供诸如数字报纸、数字杂志、手机短信、移动电视、网络、数字电影、触摸媒体等服务。根据新媒体学者石磊所提供的信息，一般认为新媒体大致分为以下三种类型：第一，互联网媒体，指的是建立在互联网上的各种媒体形式，主要包括门户网站、博客、微博、网络媒体、网络广播、RSS、即时通讯、搜索引擎、虚拟社区等；第二，以手机为接收终端的媒体形式，如手机报、手机短信、手机电视以及手机上网功能；第三，以数字电视为基础的新媒体形式，主要包括车载移动电视、楼宇电视等。如今以微博、微信为代表的新媒体由于其交互性、开放性及个性化的特点让人们所钟爱，尤其是高校的大学生更是早早加入到了使用微博、微信的行列之中。在新媒体时代，高校完全可以使用新媒体创新学生思政工作，使用新媒体积极探索新的工作方法促进学生管理工作的进步。

（五）绩效评价体系的创新

高校信息化全面评估中一系列相互联系、互相补充的指标所共同组成的统一整体构成了高校学生管理信息化绩效评价体系。高校信息化的绩效评价体系是验证高校信息化成效的重要手段，因此，评价体系的建立也应该在符合信息化前提下能够贴近高校工作的实际。这首先要求高校学生管理信息化指标的设计要具有一定的目的性，能综合反映高校学生管理信息化建设和发展的现状，有利于制定和出台高校必要的政策和制度，能够整体推进各高校的学生管理信息化建设和发展，实现其导向性。其次，指标体系的建立在借鉴和吸收教育理论和信息理论的同时，也要能够遵循高等教育信息化的科学概念和理论体系。

1. 基础设施评价指标

信息化基础设施是反映高校信息化水平的一个重要指标，也为信息资源的开发与应用提供了直接的平台。其主要包括个人电脑拥有率、校园网出口带宽、校园网覆盖率及学生管理信息系统的普及率。校园网出口带宽是信息传输、交换和资源共享的必要手段，也是反映学校通过网络与外界交换信息资源的快慢的重要指标，其包括网络设备的规格、性能等内容，是基础设施的重要组成部分，校园网出口带宽指标可以随着网络技术的不断发展而调整其评估标准。个人电脑拥有率则可以简单地理解为在校师生计算机的拥有率。校园网覆盖率则表明学校内部网络的建设、推广情况。学生管理信息系统的普及率则主要是指各职能部门的业务情况与其信息化信息的使用比例。

2. 战略地位评价指标

高校信息化的战略地位决定了信息化工作在学校工作中所处的地位，是高校信息化成功的前提，只有确定了高校信息化的战略地位，对信息化予以重视，才能保证信息化工作的资金来源，让高校信息化能够顺利进行。在信息化战略层面，一般认为信息化年度运营维护投资、信息化年度资金投入占学校总投入的比例、信息化投入经费增长率等三项指标能够反映和评价信息化的战略地位。信息化年度运营维护投资是学校对信息化的投入力度的反映，要想信息化取得成功就必须有明确的信息化规划和充足的预算资金。学校对信息化的实际投入情况则选用了信息化年度资金投入占学校总投入的比例和经费增长率来从静态层面和动态层面进行考察，学生管理信息化年度投入则包括硬件基础设施建设、管理信息系统开发与应用、人员培训等诸多与信息化建设相关方面的资金投入总额。

3. 应用状况评价指标

基于网络及信息化的综合办公系统如财务、教务、学生管理、毕业离校以及招生与就业等各种管理信息系统的应用情况评价是高校学生管理信息化的重点，高校通过这些系统的应用能够集中体现高校信息化建设的成果和效益，也能极大地方便学校的教学、科研以及行政等各方面的工作。本书选用了其中最主要的各系统学生注册数、学生每日访问校内各信息系统的次数、学校主页平均每日访问次数、高校师生使用相关管理信息系统次数等指标来对应用状况进行综合评价。一般而言，高校使用的系统是有一定要求的，首先是必须使用经教育部指定或是相关的认证的系统，其次对于已经通过教育主管部门的认证管理系统，学校可以根据使用的实际情况再进行二次开发，毕竟只有符合学校实际情况的系统才能更好地为学校服务。

4. 信息资源评价指标

信息资源评价指标在高校信息化进程中扮演着至关重要的角色，其科学性与合理性直接关系到信息资源开发与利用的效能。高校信息化的终极目标，绝非单纯构建基础设施或部署管理系统，而在于构建一个全面、准确、及时且易于获取的信息资源池，确保所有师生能在权限范围内无障碍地共享这些宝贵资源，进而促进教学管理与学习效能的双重提升。因此，构建一套全面、科学的信息资源评价指标，对于指导和优化高校信息资源管理，实现信息价值的最大化，具有不可忽视的战略意义。

5. 人力资源评价指标

人力资源通俗讲就是一种就是以人为载体的资源，人力资源是一切工作的基础，在高校信息化过程中，同样，保证确保以人为本的理念能够充分得到支持也是高校信息化成功的重要保障，这就要求高校把人才当作信息化取得成功的根本。对于人力资源评价指标，一般可以用一年内参加高校组织的信息化培训的人次、高校信息化建设部门规模（人数）和给学校提供技术支持和运行维护队伍规模（人数）这三个指标来具体衡量。信息化培训的人次是学校对学生和教职员工信息素养的培训情况的具体反映。高校信息化建设部门规模则是参与信息化建设的力量体现。给学校提供技术支持和运行维护队伍规模则在很大程度上反映了高校学生管理信息化的后勤保障机制是否健全。

6. 组织机构与管理评价指标

高校信息化组织机构和管理评价是高校学生管理信息化工作的组织、管理水平主要评定依据。在实际生活中，针对组织机构和管理的评价主要是从在信息化建设中应用教育部的行业标准程度和执行明确的信息化安全相关规范程度两个方面来考虑的。为了让战略地位和组织地位相辅相成，可以通过机构设置来考察信息化主管部门的职能及实际的执行情况。信息管理、网络管理和安全管理等方面措施的制定及实施情况则共同组成了规章制度层面的考察，他们是保障高校信息化有效运转的基础。高校是各种网络信息人才高度密集的地方，也是各种网络安全事故的高发地，为了充分考虑网络安全问题的响应和解决，高校必须建立完善的网络信息系统安全的响应机制和解决机制。

第二节　新媒体时代下的学生管理创新

一、新媒体时代下学生管理工作的意义

随着信息技术的迅速发展，新媒体已经逐渐渗透到人们的日常生活和工作中，特别是在教育领域，新媒体的应用引发了学生管理模式的深刻变革。作为现代教育管理的重要组成部分，学生管理工作在新媒体时代中呈现出前所未有的挑战和机遇。传统的学生管理模式由于其相对静态和单向的特点，难以应对当前学生信息获取渠道多元化、交流方式多样化的需求。新媒体技术的出现，为学生管理工作提供了全新的路径，使得管理的效能和深度得以提升。首先，新媒体技术的应用拓展了学生管理工作的空间和时间维度。以前的学生管理多依赖于面对面的交流和定时定点的管理手段，然而新媒体的出现打破了时间和空间的限制。学生管理者可以通过社交媒体、在线平台等工具，随时随地与学生进行互动和沟通，不仅提高了管理的效率，还增强了与学生之间的联系感与信任感。其次，新媒体使得信息的传递更加迅速和

透明，管理者能够更快捷地掌握学生的思想动态，及时发现并解决潜在的问题。

此外，新媒体技术为学生提供了更多自我表达和参与管理的机会，使得管理模式更加多元化和灵活化。学生不再是单纯的管理对象，而是管理的积极参与者。通过社交媒体平台，学生可以发表自己的见解、参与校园事务的讨论，甚至主动提出建议，从而形成良好的互动机制，促进校园管理工作的民主化和透明化。因此，在新媒体时代下，学生管理工作的意义不仅在于提高管理的效率和效能，更在于通过新媒体技术的应用，构建起师生之间更加平等、开放、互动的沟通平台，增强学生的主人翁意识，助推学生的全面发展和成长。

二、新媒体时代下学生管理工作的创新

在新媒体时代，传统的管理理念和方式已经难以满足现代学生的需求和期待。要实现学生管理工作的创新，必须紧跟时代的发展，充分运用新媒体技术，树立新的管理观念，创新管理方式，提升管理效能。以下将从不同角度探讨如何在新媒体时代下创新学生管理工作。

（一）树立新媒体学习观念，提升管理工作的水平

新媒体时代下，学生管理者需要改变传统的管理思维，树立起新媒体学习的观念。新媒体不仅是一种工具，更是一种思维方式，它改变了信息传播的途径和方式，也改变了学生获取知识、交流信息的模式。管理者应当认识到新媒体在学生生活中的重要性，并积极学习和掌握新媒体的应用技能，将其作为提升学生管理水平的重要手段。

具体而言，管理者应当充分认识到新媒体环境下，信息传播的广泛性和迅速性所带来的双刃剑效应。在正面作用的推动下，管理者可以借助新媒体平台，通过视频、图文、音频等多种方式向学生传递校园管理信息、发布政策公告、开展思政教育等，有效拉近与学生的距离，增强管理工作的亲和力和渗透力。然而，在新媒体环境中，信息的不对称性和虚假信息的传播也对管理工作提出了新的挑战。因此，管理者不仅需要在新媒体平台上成为信息的引导者和监督者，更要通过不断的学习和实践，提升自身的媒介素养和管理能力，确保信息传播的正确性和有效性。

（二）发挥新媒体强大功能，创新管理工作的方式

新媒体的强大功能为学生管理工作方式的创新提供了无限可能。传统的学生管理方式多依赖于纸质文件、会议通知、面对面交流等方式，信息传递的单向性和滞

后性往往导致学生反馈不及时，管理者难以及时掌握学生的实际情况。而新媒体则为这种局面带来了突破。首先，管理者可以利用新媒体进行全方位的信息采集和反馈分析。通过网络问卷调查、在线讨论平台等工具，管理者可以快速收集到学生对校园管理工作的意见和建议，了解学生的需求和关注点，从而为制定科学的管理决策提供依据。其次，新媒体平台的互动功能有助于增强师生之间的沟通与互动。管理者可以通过微信、微博、抖音等社交平台与学生进行即时互动，回应学生的问题与困惑，从而减少管理者与学生之间的距离感，提升学生对管理工作的认同感和参与度。

此外，新媒体的社交属性还可以用于校园文化建设和思想政治教育。通过制作创意短视频、开展线上话题讨论、分享典型人物故事等方式，管理者能够在潜移默化中引导学生树立正确的价值观，增强学生的集体荣誉感和责任感。由此可见，新媒体技术为学生管理工作方式的创新注入了新的活力，管理者可以通过多种手段，更加灵活高效地开展管理工作。

（三）提高新媒体的应用能力，准确把握思想脉搏

新媒体时代下，学生的思想动态和行为习惯日益受到网络环境的影响，学生管理者必须提升自身对新媒体的应用能力，准确把握学生的思想脉搏，才能更好地引导学生健康成长。首先，管理者应当利用新媒体平台实时关注学生的思想动向和言论表现，特别是在重要时间节点或重大事件发生时，及时掌握学生的情绪波动和舆论倾向。例如，当出现社会热点事件或突发新闻时，学生常常会通过社交媒体表达个人的情感和观点，管理者可以借助大数据分析工具，对学生的言论进行分析，了解其背后的思想倾向和潜在问题，提前做好引导和应对工作。其次，管理者应当善于利用新媒体平台进行思想政治教育工作，将思政教育融入学生日常的网络生活中。例如，通过创建思政类公众号、视频号等，以学生喜闻乐见的形式，传播正能量，引导学生树立正确的价值观和人生观。此外，管理者还可以通过网络直播、在线讲座等方式，创新思政教育的形式和内容，增强教育的实效性和吸引力。

（四）搭建新媒体教育平台，建立管理的长效机制

为了确保新媒体在学生管理工作中的可持续性应用，管理者需要搭建起系统化的新媒体教育平台，建立起管理的长效机制。新媒体平台不仅是信息传播的渠道，更是学生思想教育和管理的重要载体。通过搭建专业化、系统化的教育平台，管理者可以将新媒体的优势最大化，提升学生管理工作的整体水平。

第一，学校应当成立专门的新媒体管理团队，负责新媒体平台的日常运营和内容更新。管理者可以通过定期发布校园新闻、开展线上活动、推送教育资源等方式，保持与学生的紧密联系。同时，学校还应当制定完善的管理制度和规范，确保新媒体平台的内容质量和传播效果。

第二，学校可以鼓励学生积极参与新媒体平台的建设和管理，形成师生共同参与的管理机制。例如，组织学生志愿者参与公众号运营、视频制作等工作，让学生在参与过程中培养责任感和归属感。通过这种方式，不仅增强了学生对管理工作的认同感，还有效提升了新媒体平台的互动性和活力。

第三，管理者应当加强对新媒体平台的效果评估，及时调整和优化管理策略，确保平台在实际工作中的有效性和可持续性。通过不断总结经验、优化流程，管理者可以逐步建立起完善的长效管理机制，确保新媒体技术在学生管理工作中的持续发挥作用。

第三节　微时代背景下的学生管理创新

随着互联网技术的迅速发展，特别是以微博、微信等自媒体为代表的"微媒体"在日常生活中的广泛应用，社会各个领域的运行模式发生了深刻的变革。高校作为培养国家未来栋梁的重要阵地，其学生管理工作也受到了微时代背景的强烈冲击和影响。在信息化、网络化快速发展的今天，传统的高校管理模式逐渐暴露出种种不足，无法完全满足当前学生的需求和时代的要求。因此，在微时代背景下，高校必须对学生管理工作进行创新，通过建立新的管理体系，壮大管理力量，充实管理素材，来适应当前的社会发展形势。以下从多个角度探讨微时代背景下的学生管理创新策略，以期为高校在新时代下的管理工作提供一定的理论参考。

一、微时代背景下学生管理的"微体系"建立

在微时代的背景下，学生管理工作者与学生都成为自媒体的组成部分，他们通过微博、微信等平台与外界进行频繁的互动和信息传递。这种互动性和传播性使得传统的管理方式难以适应当前的形势，建立以"微媒体"为核心的"微体系"成为必然选择。

第一，"微体系"有助于实现管理工作中的"上情下达，下情上传"。在传统的管理模式中，信息的传递往往需要通过多个层级，导致效率较低，信息不对称现象严重。而通过微媒体平台，学校可以及时发布重要通知、政策更新等信息，学生可以通过关注学校的官方微博、微信公众号等平台，迅速获取所需信息。这种即时性和便捷性不仅提高了信息的透明度，也增强了学生对学校管理的参与感和归属感。

第二，"微体系"能够加速突发事件的处理。在学生的日常生活中，突发事件时有发生，如宿舍矛盾、交通事故等。这些事件往往会迅速在学生的社交媒体平台上扩散，成为热点话题。如果高校管理人员能够及时关注学生的微博、微信动态，就能第一时间获取事件信息，并迅速采取应对措施，从而有效减少突发事件对学校正常秩序的干扰，维护校园的稳定。

第三，微媒体平台在增强师生情感交流方面具有显著优势。由于互联网的普及，师生之间的面对面交流机会有所减少，但通过微信、微博等平台，师生之间可以通过在线互动保持紧密联系。在这种虚拟空间中，学生与老师的沟通变得更加灵活和亲切，教师能够通过轻松的语气与学生交流学习生活中的问题，拉近彼此之间的距离。这种微体系下的情感交流为高校管理工作的顺利开展打下了良好的基础。

二、微时代背景下学生管理的"微力量"壮大

在微时代背景下，微媒体平台不仅改变了信息传播的方式，还重塑了高校学生管理的力量结构。为了适应这种变化，高校必须重视"微力量"的建设，通过壮大学生干部队伍和教师队伍，提升学生管理工作的影响力。

第一，学生干部队伍是高校管理工作的中坚力量。随着自媒体的兴起，学生干部不仅承担着校园活动的组织和管理工作，还在网络上扮演着信息传递者和舆情引导者的角色。通过建立一支纪律严明、作风扎实的学生干部队伍，学校可以有效地加强对网络舆情的监控和引导，及时发现并处理负面信息，确保校园网络环境的健康积极发展。与此同时，学生干部还可以通过自己的社交媒体账户，传播正能量内容，鼓励其他同学参与到学校管理工作中，营造良好的校园氛围。

第二，教师队伍也是微时代学生管理工作中的重要力量。在传统的管理模式中，教师的职责主要集中在课堂教学和课后辅导上，而在微时代背景下，教师的角色发生了转变，他们不仅是知识的传播者，还要成为网络舆论的引导者。班主任、辅导员以及科任教师等可以通过维护个人的微信、微博账号，传播校园正能量，树立积

极健康的思想导向。例如，教师可以通过分享自己对某一热点问题的看法，引导学生理性思考和表达，帮助学生建立正确的价值观。此外，教师还可以通过微信、微博平台与学生进行互动交流，及时了解学生的思想动态和需求，针对性地进行思想政治教育。

三、微时代背景下学生管理的"微素材"打造

微时代的显著特点之一就是信息的碎片化与短平快的传播形式。在这一背景下，高校要想在学生管理中取得成效，就必须根据学生的接受习惯，打造丰富多样的"微素材"，以适应微媒体传播的特点。微话题、微故事、微电影等形式正是满足这一需求的重要工具。

第一，微话题。微话题可以成为思想政治教育的重要载体。高校可以将社会主义核心价值观等思想政治教育的内容融入学生日常生活中的小故事，编辑成短小精悍的"微话题"，并在官方微信、微博等平台上发布，吸引学生的关注和参与。通过这些易于传播的内容，学生可以在潜移默化中接受思想教育，增强他们对国家、社会和学校的认同感。

第二，微故事。微故事则是通过真实的校园案例来激发学生的思考。学校可以收集整理学生中的典型事迹，如优秀学生的成长故事、志愿服务的感人瞬间等，将这些内容编辑成富有哲理的"微故事"，并通过微媒体平台发布。这些"微故事"不仅能够激励学生树立正确的价值观，还能起到榜样示范作用，增强学生的责任感和使命感。

第三，微电影。微电影是视觉冲击力最强的"微素材"形式。通过拍摄短小但内容丰富的微电影，学校可以更加生动地呈现思想教育的内容。例如，学校可以通过微电影的形式展现校园中的感人瞬间，或是将复杂的思想理论转化为生动的情节，使学生在观看的过程中不仅得到娱乐，还能接受教育。这种形式符合当代大学生的审美趣味，能够更好地引起他们的共鸣和反思。

四、微时代背景下学生管理的"微文化"塑造

微时代的到来，给高校学生管理带来了诸多挑战，同时也提供了新的机遇。在这个背景下，高校除了在管理体系、管理力量和管理素材上进行创新外，还应注重"微文化"的塑造，使得管理工作更加有温度和深度。

微文化是一种由微媒体塑造的独特文化现象，其内容丰富多样，形式灵活多变。在高校学生管理中，塑造积极健康的"微文化"对于引导学生的思想和行为具有重要意义。高校可以通过网络平台定期发布积极向上的内容，打造具有校园特色的网络文化。例如，学校可以通过微媒体平台开展网络文化节活动，鼓励学生通过创作微视频、微电影等形式表达对学校、对社会的热爱，树立积极向上的精神面貌。这不仅有助于营造良好的校园文化氛围，也能够增强学生的归属感和集体荣誉感。

第四节　学生管理评价与体系创新探究

一、学生管理的工作评价

"高校大学生管理工作评价是根据一定的标准对高校或高校内的系院、班级的学生管理工作是否达到要求的程度作出判断的过程，对高校学生管理工作目标及实现目标的管理活动进行优缺点和价值判断的过程"[①]。随着我国社会经济的快速发展，人才的重要性日益凸显。大学生作为我国人才队伍体系的重要组成部分，是我国现代化建设的"生力军"，为此，高校应结合新时代人才培养的具体目标，创新学生管理工作模式，实现大学生的个性化发展。

（一）学生管理工作评价的重要意义

高校学生管理工作评价，是提高学生管理质量的重要手段，评价活动本身也具有重要的管理功能。高校学生管理工作评价可以检验高校的整体办学水平和办学质量。从促进和提高高校学生管理工作的角度来说，高校学生管理工作评价具有以下方面的意义：

1.管理工作的政治保证与工作导向

（1）保证高校学生管理工作坚持正确的政治方向。对高校学生管理工作进行评价，通过对高校教育、学生党建工作、思政队伍建设等指标要求，从而保证高等学校的社会主义办学方向。高校学生管理工作评价，通过对高校德育内容和德育目标

---

①　甘雪梅,宗宝璟,王佳旭.高校大学生管理研究[M].长春:吉林出版集团股份有限公司,2021：194.

的检查评定，确保高校把坚持坚定正确的政治方向放在学校工作的首位，坚持社会主义的办学方向，确保高校培养的是德智体等方面全面发展的社会主义事业的建设者和接班人。

（2）对高校确定学生工作的着力点有导向作用。高校学生管理工作评价的各项评价指标体系包含的内容，是高校开展学生管理工作的具体任务，把这些具体任务落实，就是实现学生管理工作价值，达到学生管理工作的预期效果的保证。根据特定的评价指标体系的内容要求开展学生管理工作，无疑可以明确学生管理工作的着力点，从而有的放矢地开展工作。

2. 提升管理工作的科学性与激励性

高校学生管理工作评价是高校领导和上级教育行政管理部门了解和把握学校学生管理工作特点、水平、特色的可靠途径。高校学生管理工作评价搜集的信息具有客观性、全面性和准确性，其定量分析和综合评价具有较强的科学性，并对指导实际工作具有很大的价值。高校学生管理工作评价就是对高校学生管理工作的政策、措施等各个方面的一次全面检验，有利于提高高校学生管理工作的科学性。高校学生管理工作评价是对高校学生管理工作作出的评判，人们对工作积极性的高低，取决于他对这种工作能满足其需要的程度及实现可能性大小的评价。对应于高校学生管理工作而言，评价的激励作用的大小取决于评价活动对高校学生管理工作的肯定程度和对今后工作的促进效能。肯定高校在这方面工作取得的成绩，指出今后努力的方向，有利于调动高校学生管理工作的相关部门和人员的积极性、主动性。

3. 确立管理工作的职责与要求

高校学生管理工作评价可以使得高校进一步明确学生管理工作的职责和要求。评价是一种价值判断，高校在接受学生管理工作评价的过程中，按照评价体系的指标要求检查对照，一是促进高校学生管理相关的职能部门和学生管理专业人员明确岗位职责，提高落实岗位职责的责任心，增强紧迫感；二是评价体系的指标要求，特别是评价体系中的二级、三级指标，实际上是对学生管理工作提出的具体要求，通过评价、落实这些要求促进学生管理工作，从而达到提高工作效能的最终目的。

（二）学生管理工作评价的具体原则

1. 方向性原则

高校学生管理工作评价首先要坚持方向性原则。学生管理工作评价就是要对高校是否坚持党的教育方针，落实《中国普通高等学校德育大纲》，贯彻执行《关于进一步加强和改进大学生思想政治教育的意见》的情况作出评定，坚决纠正任何偏离党的教育方针、偏离党对高等教育作出的重大决策、偏离教育目的的做法，确保我国高校社会主义办学方向。

2.实效性原则

实效就是在实践中所形成的价值。高校学生管理工作评价的实效性原则，就是要求高校学生管理工作评价注重实际效果。

从评价的操作层面上讲，实效性原则要求我们克服理论脱离实际的倾向，而且要注重实效的质和量的层次性和统一性。管理工作评价活动的实践性很强，要求正确恰当地肯定被评价对象的行为价值，并找出工作中的不足和问题，帮助其改正，促进工作进一步向前发展。

贯彻高校学生管理工作评价的实效性，一是要求明确评价的目的，利用评价指标体系对高校学生管理工作中的现状作出恰如其分的价值判断，肯定成绩，指出不足；二是充分利用评价的导向作用，促使其改进工作，解决存在的问题，把学生管理工作推上新的台阶。

3.可行性原则

高校学生管理工作评价可行性原则，就是要在保证方向正确和客观公正的前提下，使评价简便易行。如果评价过于繁杂，不易操作，需要投入过多的人力、物力和时间，势必增加评价对象的负担，甚至影响评价对象正常工作的开展，就会降低评价的实际效果。

贯彻评价的可行性原则，一是在制定评价方案时，要简化评价指标体系；二是评价标准高低要求要适度；三是评价过程中支撑材料等信息的搜集要在科学客观的前提下简化。

4.激励性原则

高校学生管理工作评价的激励性原则，就是通过评价来促使高校进一步重视和加强学生管理工作，根据评价的反馈结果改进工作中的不足，提高工作的积极性，增强对工作效果的期望值。

贯彻高校学生管理工作评价的激励性原则，一是评价要客观、公正、准确，使被评价对象既看到取得的成绩，又看到不足。二是制订的评价目标和具体标准要根据客观条件，符合高校实际。如对国家重点院校和地方院校的评价标准要有区别，经济教育相对发达地区的高校和经济教育相对落后地区的高校要有区别。评价目标和具体标准不能过高或过低，总的尺度是被评价对象能够通过努力达到。三是通过评价结果的定性达到激励被评对象的目的，即对评价结果要分等级，如评出优、良、合格、不合格的等次，以鼓励先进、鞭策后进、找出差距、促进发展。

5.科学性原则

高校学生管理工作评价要坚持科学性原则。学生管理工作评价要力求建立客观的、正确的、符合评价目的和实际的评价标准与方法的指标体系。高校学生管理工作评价的科学性指的是：教育评价要符合事实、符合逻辑、符合规范、符合目的。高校学生管理工作评价要实事求是，实事求是科学的实质即科学精神的另一个根本特征。坚持评价的科学性原则，说到底就是评价要实事求是。

（三）学生管理工作评价的主要内容

高校学生管理工作评价是高校管理工作的重要组成部分，对高校学生管理工作进行评价，实际上是对高校整个管理工作的检验和评判。高校学生管理工作评价的内容涉及高校的方方面面，从学校领导到每一个教职工、每一个学生，从学校的各个管理部门到各个系（院）的工作部门。根据《普通高等学校教育评估暂行规定》，目前，我国高校学生管理工作评价由省级教育行政管理部门或高校自身来实施。高校学生管理工作的评价内容也由省级教育管理部门或高校确定。评价的内容一般分一级指标、二级指标和三级指标，内容比较多。这些评价内容归结为以下方面：

第一，领导重视。领导重视即是高校学生管理工作能够顺利正常地开展的重要前提之一。高校领导要建立健全的学生工作领导体制与组织机构。高校党委是学校德育工作的领导核心，要研究学生管理工作的指导思想、工作方针、任务和重要问题。领导是否重视学生管理工作规章制度的建立健全，是否保证学生管理工作人员的数量与学生人数的合理比例，是否保证对学生管理工作必要的经费投入，是否重视学生管理工作办公条件的改善等，这些是对领导重视学生管理工作程度评价的主要方面。

第二，规章制度建设。高校规章制度建设是高校学生管理工作实行科学管理，取得理想管理效能的基础条件。随着时代的发展、社会的进步，高校实施法律契约式管理作为一种新的发展趋势，对传统高校学生管理工作产生了持续而深远的影响。目前，高校大都聘请了法律顾问，在制订学生管理的规章制度，对学生进行奖惩时都会从法律层面界定行为的合法性。从高校规章制度层面看契约式管理，已经越来越受到国家法律及政策上的支持，在管理实践中也有了一定的积极发展态势。

第三，队伍建设。高等学校学生管理工作队伍，主要包括学校学工部（处）、学校团委的领导和工作人员，系（院）副书记、分团委书记、政治辅导员和班主任。广义的学生管理工作队伍建设还包括高校学生干部队伍的建设。高校学生管理队伍也是德育工作队伍，是高校德育工作队伍的主体。高校要优化队伍结构，建设一支专兼结合、功能互补、政治坚定、业务精湛的学生管理队伍。高等学校的学生管理专职人员是教师队伍的重要组成部分。学校应当采取有效措施切实加强这支队伍建设，努力培养和造就一批思政教育的专家和教授。教育行政部门和高等学校应依据有关规定，采取切实措施，解决学生管理专职人员的学习培训、专业技术职务招聘、待遇等问题，改善其工作、生活条件。学校是否重视学生管理队伍的建设，是高校学生管理工作评价的重要指标。

第四，党团建设。高校要加强党员在学生当中的核心作用，发挥学生党员先锋模范作用，确立巩固学生党建工作在高校学生工作的"领导"地位。以党建促进团建，高校党团建设是密不可分的，有互相促进的作用。高校学生管理工作评价对党团建设的评价主要内容是：①党支部建设。科学设置学生党支部，支部班子齐全，有战斗力；实现一年级有党员，二年级有党小组，三年级有党支部；支部活动有计划，有记录，活动开展丰富多彩。②党支部和党员的作用。要评价党员能否在广大学生中充分发挥先锋模范作用，学生党支部在同学中能否产生了强大的凝聚作用。③团建工作评价。高校团组织在党的长期领导下，全面贯彻党的教育方针，在团结和带领青年学生跟党走、服务青年学生成长成才等方面发挥了重要作用。在对入党对象的考察、培养、发展、教育工作中，要对团组织能否起到关键的作用作出评价。④评价学校、系（院）团组织健全，干部配备齐全，活动有计划有记录，活动丰富多彩等情况。

第五，日常管理和学风建设。日常管理的评价主要是两个方面：一是学生日常管理的规章制度是否健全；二是学生管理的日常工作开展得怎么样，具体包括学生纪律表现及纪律管理，班主任工作情况，特殊学生的教育引导帮助工作情况及特殊学生档案的建立，学生素质综合测评，评优评先活动等。另外，优良学风建设的评价主要有这些参照指标：①课堂秩序好；②自觉遵守大学生行为规范；③班级、公寓学习氛围好，团结友爱，共同进步；④英语、计算机过级率高，专业技能证书获得率高等。

第六，工作效果。高校学生管理的工作效果，主要指学生管理规章制度和计划的执行结果，也就是工作任务完成得怎么样，取得了哪些成绩。具体包括学生思想和道德品质的提高，专业学习成绩，参加文体活动和社会实践活动，争先创优、竞赛活动获奖，管理科研成果以及毕业生就业率和就业质量情况等。

第七，工作特色。工作特色一般是作为高校学生管理工作的一级评价指标。高校要充分认识特色及其在学校建设发展中的作用，积极开展相关评估，推动各类学校特色的形成与发展，这对教育评估制度的建设及对整个教育的改革具有重要的意义。

（四）学生管理工作评价的方法分析

评价的方法很多，采用怎样的评价方法主要是根据评价的目标和目的，其次要根据学校的实际。从评价动力的角度，可以把评价方法划为三种，即自我评价、上级（主管部门）评价和社会评价。从具体的评价手段来划分，可以采取观察法、问卷法、抽查法、座谈法等。由于教育活动的极其复杂性、多因素的制约性以及评价技术和手段的局限性，使得任何一种教育评价方法都不可能是万能的，每一种评价方法都有自己的特点、长处和缺陷，都有特定的适用范围和界限。对高校学生管理工作评价一般采取以下三种方法：

1. 定量法，评出分数

定量评价是采用数学的方法，收集和处理数据资料，对评价对象作出定量结果的价值判断，如运用教育测量与统计的方法，模糊数学的方法等，对评价对象的特性用数值进行描述和判断。对高校学生管理工作评价进行定量评价，就是通过考察检查，收集相关数据和材料，按照一定的评分标准，对评价体系的各项指标完成情况作出量的评定，评价体系各项指标得分的总和即构成了对该高校学生管理工作的评价结论。定量评价是综合各种信息进行量化统计的过程。

定量评价强调数量计算，以教育测量为基础。它具有客观化、标准化、精确化、量化、简便化等鲜明的特征。它在一定程度上满足了以选拔、甄别为主要目的的教育需求。但定量评价处处、事事都要求量化，强调共性、稳定性和统一性，有些内容勉强量化后，只会流于形式，并不能对评价结果作出恰如其分的反映。定量评价把行为主体的行为表现简单化为抽象的分数表征与数量计算。因此，定量评价的局限性是十分明显的。

2. 定性法，评出等级

定性评价是不采用数学的方法，而是根据评价者对评价对象平时的表现、现实和状态或文献资料的观察和分析，直接对评价对象做出定性结论的价值判断，如评出等级、写出评语等。定性评价是利用专家的知识、经验和判断进行评审和比较的评价方法。定性评价强调观察、分析、归纳与描述。就应用于高校学生管理工作评价这一领域的现象而言，定性评价更加关注高校学生管理工作在"质"方面的发展，关注管理工作的结果与预定或要求的目标之间的一致性；强调对高校学生管理工作的优缺点进行系统的调查，并对具体某个高校的独特性做出"质"的分析与解释，是具有实质性内容的一种评价机制。因此，定性评价可以关注更广泛的管理目标及管理结果，强调关注现场和专业判断，对高校学生管理工作的种种表现试图做出科学的解释与推论。如果说定量评价关注"量"而走向抽象并且侧重定量描述，那么，定性评价则关注"质"而走向具体并且倾向复位性描述。因而，定性评价是更具发展性评价的理。但是，定性评价的不足是评价结果常常模糊笼统，弹性较大，难以精确把握。

3.定量与定性结合法

在评价中我们要求定性评价和定量评价相结合，尤其是要重视定性评价。把各种评价方法结合起来，例如，把定性方法与定量方法，自评与他评，结果评价与过程评价，诊断性评价、形成性评价与终结性评价相结合。这样，既可以充分发挥各种评价方法的优势和特长，又可以互相弥补其缺陷和不足，从而使评价的结果更加客观、公正。

高校学生管理工作评价一般都采取定量评价与定性评价相结合的办法，以取得最科学合理的评价结果。在具体操作过程中，评估专家组根据评价体系，通过对高校学生管理工作的各项指标进行量化考评，打出分数，以得分定等级。同时，确定某些关键的具体指标（核心指标）必须达到的标准。

二、学生管理体系的创新探究

（一）学生管理工作角度的创新

1.从关注个体差异与个体发展角度创新

从关注个体差异与个体发展角度创新高校学生管理模式，是现代教育管理改革的核心命题之一。传统的行政管理模式和操作性管理模式侧重于规章制度的执行和目标的达成，虽在某种程度上实现了管理的规范化，却忽视了学生作为个体的独特需求和发展潜力。与此相对，以人为本的管理模式强调个体差异和个体发展的重要性，主张将学生的主体性与创造性充分调动起来，以更符合现代教育理念的方式助力学生的全面发展。

（1）个体差异是教育实践中不可忽视的现实问题。每个学生的性格特征、兴趣爱好、认知能力、社会背景等各不相同，因此在管理过程中采取"一刀切"式的管理方式显然无法满足每个学生的需求。传统的行政和操作性管理模式过于强调纪律和制度，容易忽视学生的个性化发展需求，从而在无形中抑制了学生的主动性和创新精神。例如，过度规范化的规章制度往往将所有学生视为同质的管理对象，这种方式不仅难以满足不同学生的个体需求，还可能导致学生对管理工作的排斥与反感，进而降低了管理的效果。因此，创新管理模式必须关注学生的个体差异，针对不同学生的特点设计差异化的管理策略，以便充分激发每个学生的潜力。

（2）从个体发展的角度出发，创新高校学生管理模式应当着眼于学生的长远发展，培养学生的自我管理能力与社会责任感。管理工作不仅仅是对学生行为的约束和规范，更应当通过引导与支持，帮助学生认识自我、实现自我价值。这就要求管理者从教育的本质出发，将学生作为独立的个体，尊重他们的成长规律和发展需求，提供更多的自主空间与发展机会。在这种管理模式中，学生不再是被动接受管理的对象，而是管理过程中积极的参与者。他们可以通过自我规划、自我反思和自我调整，逐步形成自我管理的能力，这不仅有助于培养学生的独立性与责任感，也有利于提高他们未来在社会中的适应能力。

此外，个体差异与个体发展的管理创新还应体现在对师生关系的重新定位上。传统的师生关系中，教师往往处于管理者的权威地位，而学生处于被管理的被动状态。在以人为本的管理模式下，教师应更多地扮演支持者与引导者的角色，尊重学生的独立人格，鼓励他们在思维和行为上进行创新和尝试。教师与学生之间应形成一种平等、互信的合作关系，以此激发学生的潜能，并为他们的个性化发展提供更多的机会。

2. 从促进信息化技术应用的角度创新

（1）运用现代信息技术提高工作效率。目前，计算机越来越普及。计算机技术也是高校日常管理的重要手段，有着非常重要的作用。在高校学生工作管理中，一个学生的信息可能有很多，如姓名、学号、家庭住址、政治面貌等，工作信息量非常大，伴随高教的不断扩招，一个学生工作管理员往往需要负责几百个学生，如果还是利用纸质的档案显然不行。在学生管理工作中利用好计算机技术，可以很大程度地提升学生管理工作的效率。

在学生管理工作中，下发通知、收集表格等是经常需要做的，这时候使用微信等通讯软件可以很容易完成这些工作，提高工作效率的同时还可以节约资源，实现现代化管理。

高校大学生管理工作中可以从三个方面应用计算机技术：一是学生信息管理。学时的信息可以利用计算机进行保存，这样查询的时候也会非常方便。二是日常事务的管理。学生日常事务包含学习和生活的各个方面，管理起来非常烦琐，例如助学、党建等工作，使用计算机进行管理可以将资料很好地归类整理，节约人力和物力，提升工作效率。三是工作过程控制。利用计算机技术可以实现办公无纸化，不仅节约了管理人员的时间，也节约了学生的时间，管理人员可以通过计算机汇总各种信息，制定对应的方案，使学生管理工作顺利进行。

（2）加强校园网络建设引导学生正确使用。当前已经进入信息化社会，网络技术至关重要，学生工作管理人员必须掌握好这项技术才能适应工作的需要。通过网络技术，学生工作越来越系统化，效率越来越高。互联网在不断发展，学生可以利用互联网进行学习，拓展视野，也可以更加方便地与老师进行交流。

与此同时，学生工作管理人员也可以通过互联网更加清晰地了解学生的动态。学生的思维方式受到互联网的影响产生了很大改变，同时也改变了行为模式。所以，要能够适应学生的特点建立完善的校园网络，给学生工作管理人员提供良好的网络办公环境，有利于提升学生管理工作效率。

（3）建立现代化辅导员队伍加大技术培训。辅导员是处于学生管理工作最前线的，因此要有良好的信息技术应用能力，确保学生管理工作的效率。通过计算机技术，可以将学校的重要通知更加快速地传递给学生，方便与学生之间的联系，使沟通更加高效，也能够真正实现无纸化办公。

第一，加强对信息化管理的认识。辅导员所学的专业是不同的，但是在思想上一定要重视信息化技术的学习。在学校中应用信息技术不仅能够使学生管理工作的效率得到提升，还可以提升学校的竞争力。在当前的信息化社会中，辅导员一定要提升自身的信息化应用水平，否则就会阻碍高校信息化管理工作的顺利进行。不仅会影响高校信息化的推广工作，还会影响学生管理工作的效率。所以，要转变辅导员落后传统的观念，真正从思想上重视信息化技术的应用。

第二，要加大信息技术培训力度。很多辅导员都不是信息技术专业的，尤其本身专业是文科的辅导员，信息技术水平较弱，仅仅局限于收发邮件等。所以，学校应该给辅导员做专门的培训，帮助他们提升信息技术应用能力，并且营造一个宽松自由的环境发挥辅导员在工作中的创造性。提升辅导员的信息技术应用能力可以通过信息管理技术普及、信息技术培训等方式。基本办公软件是辅导员必须掌握的，能够使用数据库软件对学生的信息进行分析和管理，完善学生管理系统数据库的建设，派专人进行维护并及时更新数据信息，确保学生管理工作顺利开展。另外，在学生管理工作中应用信息技术是非常有意义的，不仅可以提升学生管理工作的效率，还能够提升学生管理工作的水平，使学生管理工作能够适应时代发展的新要求，尤其是在高校不断扩张的情况下，需要处理的学生信息量越来越庞大，信息技术的应用可以提高学生管理工作的及时性和准确性。

3.从转变学生管理工作方法角度创新

在当前高等教育环境中，学生管理工作的有效性不仅关乎学校的教学质量，更对学生的成长成才产生深远影响。然而，传统的学生管理工作方法往往以"规章至上"和"惩罚为主"的形式存在，忽视了学生的个性需求和心理特点，导致师生关系紧张、管理效率低下，甚至引发学生与学校的冲突。因此，从转变学生管理工作方法的角度出发，创新学生管理模式显得尤为重要。

（1）以学生为中心，构建人性化管理模式。传统的学生管理模式常常以规章制度为核心，忽略了学生个体的差异性和需求。事实上，学生作为具有独立人格的个体，其需求是多样化的，高校的管理工作必须尊重这种多样性，才能达到良好的管理效果。因此，创新学生管理工作需要从"以人为本"的角度出发，构建更加人性化的管理模式。首先，要转变管理者的角色定位，由单纯的管理者转向服务者。高校的管理人员不仅仅是规章制度的执行者，更应该是学生成长的引导者和支持者。管理工作应当注重与学生的沟通与互动，倾听学生的意见和建议，充分考虑他们的需求与心理状态。在管理过程中，尊重学生的自主权和人格尊严，才能赢得学生的信任与尊重，减少管理中的对立情绪，提升管理工作的效果。其次，要因材施教，提供个性化的管理方案。学生的个性、兴趣、成长背景各不相同，统一化的管理模式难以满足所有学生的需求。因此，高校管理工作需要针对不同类型的学生，设计有针对性的管理措施。例如，对于学业压力大的学生，学校可以提供心理辅导和学业支持；对于纪律问题频发的学生，管理者应从关怀角度出发，帮助学生找到问题根源，并提供适当的教育和引导。个性化管理不仅可以更好地满足学生需求，也有助于促进学生的全面发展。

（2）引入民主参与机制，增强学生自我管理能力。在高校管理工作中，学生常常被动地接受管理，缺乏参与学校事务的机会和平台。这种自上而下的管理模式容易引发学生的不满和抗拒。因此，转变学生管理工作方法的另一重要创新点在于引入民主参与机制，增强学生的自我管理能力。首先，高校可以通过设立学生代表大会、学生会等民主平台，鼓励学生参与学校的管理工作。在制定与学生密切相关的规章制度时，学校应广泛征求学生的意见，确保制度的合理性和可行性。同时，学生代表可以定期参与学校管理工作会议，对学校的管理政策和措施提出建议和反馈。这种参与机制不仅可以提高管理工作的透明度和公正性，还能够培养学生的责任感和自主能力，使他们更好地适应未来的社会生活。其次，要积极推动学生自我管理。高校管理者可以通过设立学生自治组织，让学生自己管理宿舍、班级、社团等事务。通过自我管理，学生不仅能够提升组织能力和团队协作精神，还能够更加清楚地认识到遵守规章制度的重要性，减少外部强制管理的必要性。这种方式不仅缓解了管理者的工作压力，还能够激发学生的主动性和创造力，有效促进校园的和谐与稳定。

（3）借助信息化技术，提高管理工作效率。随着信息化技术的飞速发展，高校的学生管理工作也面临着数字化转型的机遇。传统的管理方式依赖于纸质档案和人力操作，效率低下且容易出现纰漏。而借助信息化技术，学生管理工作可以更加便捷、高效，信息传递也更加精准。首先，学校可以建立完善的学生管理信息系统，将学生的学籍、考勤、成绩、违纪情况等信息数字化管理。通过这一系统，管理者可以实时掌握学生的情况，及时发现问题并做出应对措施。同时，学生也可以通过系统及时了解自己的学业进展和管理要求，减少信息不对称带来的管理困难。其次，信息化技术的应用还可以大大提高学生管理工作的沟通效率。通过建立线上交流平台，学生可以随时向管理者反映问题和提出建议，管理者也可以及时解答学生的疑问，减少沟通中的障碍。此外，信息化技术还可以帮助学校实现管理工作的自动化，减少管理者的工作量，提高工作效率。

（4）坚持依法治校，完善规章制度。在学生管理工作中，规章制度是维持学校秩序的重要保障。然而，现有的规章制度往往存在制定不完善、执行不规范等问题，导致学生与学校的纠纷时有发生。因此，高校在转变管理工作方法的过程中，必须坚持依法治校，完善规章制度，以确保管理工作的公正性和合法性。首先，高校应当严格遵守国家法律法规，在此基础上制定符合本校实际情况的学生管理制度。在制度制定过程中，要充分考虑学生的合法权益，确保制度的合理性和科学性。对于涉及学生重大利益的制度，必须经过广泛讨论和审议，确保制度的公正性和可操作性。其次，要加强规章制度的执行与监督，确保制度的透明化和公开化。学校应建立有效的申诉和监督机制，保障学生的申诉权利，防止制度的滥用和误用。同时，要定期对规章制度进行审查和修订，确保制度能够适应不断变化的社会环境和学生需求。

4. 从推行精致化管理模式角度创新

精致化管理是由日本提出的，最开始用于企业管理，指的是在管理过程中要尽可能减少成本，管理要科学化。目前很多管理学的领域都应用了精致化管理。精致化管理以常规管理作为基础，但是在管理内容上更加精细化。

精致化管理对于组织整体执行能力的提升有重要的作用，本质上就是将任务进行分解，使之更加精细和具体，整个过程就是细化分析目标和战略并进行具体实施的过程。组织的战略规划被细分之后，在精致化管理的每一个细小环节中得到落实。运用精致化管理的组织体系，很容易发现其中的薄弱环节，并针对这些薄弱环节制定相应的解决方案，确保整个组织体系可以顺利运转。

精致化的意思就是追求完美。在教育领域中引进精致化管理理念就是要让学生管理工作更加精致完美，把学生管理工作做到精细到位。具体而言，要掌握每一个学生的动态，针对每个学生自身的特点帮助其找到适合自己的发展目标和方向，将每个学生的潜能充分激发出来。由于高校学生非常多样，所以这一点是比较难做到的。学校进行精致化管理，就要在培养大学生过程中的每一个环节都做到无微不至，这就需要教师、学校管理人员等全员参与到其中。

（1）高校大学生精致化管理的意义。随着现代高等教育的不断发展，管理理念和实践方法也逐渐从粗放型管理向精致化管理过渡。精致化管理在高校学生管理中不仅是一种模式的创新，更是应对当代大学生个性化需求、促进其全面发展的必然选择。无论是从高校管理者的角度，还是从学生成长成才的需求出发，精致化管理都具有重要的现实意义。以下从多个角度探讨高校大学生精致化管理的意义，并阐述这一管理模式如何推动学生成长、适应时代变化以及提升高校的教育质量。

第一，促进学生个性化发展。高校大学生精致化管理的核心在于尊重和促进学生的个性化发展。传统的学生管理模式通常以一刀切的方式处理学生事务，难以关注到每个学生的个体差异。然而，精致化管理强调根据学生的不同需求、能力和兴趣来制定个性化的管理和培养方案，促使每个学生能够在其独特的发展轨迹上得到最优的支持。这种模式通过关注学生的个体差异，激发学生的主观能动性，有助于培养学生的创新能力和社会适应力。

在精致化管理中，教师与管理者不再是简单的执行者，而是学生发展的引导者和支持者。他们通过与学生的深入交流，了解学生的实际需求和心理状态，从而采取针对性的措施。例如，通过学业指导、职业规划以及心理辅导等多维度的支持，帮助学生解决学习生活中的实际困难，促使他们在个性化的管理和支持下获得更大的发展空间。这不仅有利于学生个体的发展，也为高校整体的人才培养模式注入了新的活力。

第二，适应新时期大学生的身心发展需求。新时期的大学生，尤其是00后，生活在一个信息高度发达、社会多元化的环境中。相比以往的学生群体，他们接触的信息更加丰富，思想更为多元，同时也面临着更多的社会挑战。在这种背景下，传统的管理模式显得僵化，难以适应新一代大学生的心理需求和成长特点。精致化管理能够更加灵活地回应这些需求，通过更加细致入微的管理方式，为学生的身心发展提供有效的支持。

精致化管理不仅关注学生的学业表现，还重视他们的心理健康、情感发展和道德培养。例如，精致化管理中的心理辅导机制，可以通过常态化的心理健康筛查和个体辅导，帮助学生应对来自学业、生活和社交方面的压力，从而促进他们的心理健康发展。同时，管理者通过对学生情感和思想的关注，引导其树立正确的价值观和人生观，帮助他们更好地适应社会的多元环境。这种全方位的关怀，有助于提高学生的幸福感和自我效能感，使其在高校生活中获得更好的成长体验。

第三，提高高校教育管理质量。精致化管理不仅对学生个体发展产生积极影响，同时也为高校的整体管理水平提升提供了重要支持。通过精致化的管理模式，高校能够更加精准地识别学生的需求，及时调整和优化教育管理策略，从而提高教育服务的质量。精致化管理强调数据驱动的决策方式，管理者可以借助大数据技术，动态跟踪学生的学习、生活和心理状态，为每个学生提供个性化的教育方案。例如，很多高校已经开始运用大数据技术分析学生的学业表现和生活习惯，进而为不同类型的学生制定相应的干预措施和培养方案。这种基于数据的管理不仅提高了管理的效率，还使得管理决策更加科学和精准，确保了学生的个性化需求能够得到最大程度的满足。此外，精致化管理的实施也促进了高校内部管理的精细化、科学化，提升了学校的整体管理水平。

第四，满足社会对高校人才培养的多元化需求。当今社会对高校人才培养提出了多元化的需求，不仅要求学生具备扎实的专业知识，还要求他们具备较强的创新能力、社会适应能力和团队合作精神。精致化管理通过关注学生的综合素质，特别是社会能力和实践能力的培养，能够更好地满足社会对人才的需求。精致化管理模式下，高校不仅关注学生的学术成绩，还重视学生的实践能力和职业素养的提升，培养具有综合竞争力的复合型人才。

例如，许多高校在精致化管理模式的引导下，开始加强学生的实习实践环节，通过校企合作等方式，为学生提供更多的实践机会，使他们能够将理论知识应用于实际工作中。此外，精致化管理模式还重视学生的团队合作能力，通过丰富的课外活动和社团活动，培养学生的领导能力和团队协作能力。这种多元化的培养方式，使学生能够更好地适应未来复杂多变的社会环境，为他们的职业发展奠定坚实的基础。

（2）高校大学生推进精致化管理的途径。精致化学生工作管理模式需要以学生为中心，学生是最主要的，管理是为了学生更好的发展，提升学生的综合素质，为国家和社会培养有用的人才。所以，学校工作的中心就是对学生的培养。因此，通过以下途径来落实精致化管理：首先，需要制定精致化学生管理制度，确保在进行精致化管理的时候能够有相应的规章制度作为参照；其次，制度要准确精致，将学生管理工作中可能会出现的所有问题和情况做好整理工作，并能够将相同类型的情况进行分类，使管理过程有条理。将目标进行细化分解，明确管理的具体职责，并在每个环节、每个人身上都得到落实，做到有法可依。

精致化管理过程中学生干部和辅导员的作用是非常重要的，对每一个学生的具体情况都要进行了解，包括情感、心理、家庭、特长等情况，并且具体分析每个学生的情况，制定符合学生特点的发展方向，并且追踪调查他们之后的发展情况。这是一项工作量非常大的工作，并且这项工作需要非常细致，所以，需要建设一支有力的学生干部队伍参与到精致化管理的工作中来。尤其要重点分析情况特殊的学生，针对不同学生的特点制定不同的培养方案，建立更加精致科学的人员队伍。

（二）学生社会实践化管理的创新

现代社会的高速发展对于人才的需要越来越急迫，高校作为人才储备的最主要环节，人才的多样性培养也越来越重视，特别是对于高校学生社会实践能力的锻炼和培养。在教学课堂上开展理论教学是我国早期高校教育体制中最主要的人才培养手段，这种教学模式相对单一和简单，面对社会生产力高速发展下的多种人才需求显得力不从心，所以，为了满足社会发展的不同需要，现有的教育体制和人才培养战略都面临着新的目标和挑战。现代科技发展需要创新型人才，要求创新型人才不仅要具备丰富的理论基础，同时还要熟练掌握各种专业技能，除此之外，还要提高学生的社会认同感以及道德水平。所以，就需要增加学生的社会实践，增强学生的社会适应能力，这也是目前高校较为重视的教育方式。

高校社会实践课程是一种全新的教育形式，区别于传统课堂教育模式，社会实践课程更加注重提高学生的社会实践能力，能够有效帮助学生快速地融入社会中，同时还能帮助学生养成正常的社会价值观和社会认同感，学生参与社会分工还能加快社会发展进程。高校实践课程是目前高校重点发展的课程，是传统课堂教学的有力补充，其为促进人才培养战略的有效推进作出重要贡献。

1.学生社会实践化的重要意义

（1）促使学生树立科学世界观。世界观是人们对世界的一般看法和根本观点。世界观是每一个个体都具备的思想价值，世界观的形成受到个体生活环境、教育水平以及思想价值的影响，不同的人有着不同的世界观。世界观也存在善恶之分，高校需要系统地将正确的世界观传授给学生。因此，如何保证学生能够掌握正确而科学的世界观主要通过两个途径来实现：首先，增加学生的社会实践过程，通过社会实物的表象去探知事物的本质，通过事物发展的过程总结正确的价值规律，从而增加自己的认知；其次，加强大学生的思想价值观教育，通过正确世界观的灌输帮助学生加强理解和渗透，总结错误价值观的形成过程，加深大学生对于世界观的理解程度，鼓励学生经常进行反思和理解，所以，学生进行社会实践是一件具有深远意义的事情。

第一，大学生需要具备一定的唯物主义思想价值观，而参加社会实践能够帮助学生建立唯物主义价值观。大学生正处于青年时代，可塑性很强，是世界观、社会历史观形成的关键阶段。除了社会实践之外，还应对学生开展系统的理论教学，加以专业知识的渗透。但是结合我国目前大学生现状而言，学生社会经验普遍不多，而且接触社会的机会比较少，所以容易对社会形成片面和碎片化的理解，不利于形成正确的思想价值观。处理这种现状的最好办法就是鼓励学生走出校门，主动进入社会参与历练，在社会实践中丰富自己的见识，建立自己的社会价值观，帮助学生在社会实践中理解历史和现实的关系。

第二，建立科学的人生观也需要通过大量的社会实践来实现。大学生社会实践对于人生观的形成主要有下三种优势：一是能够帮助学生养成踏实做事的良好作风，帮助学生摒弃一些不切合实际的想法，能够正确看待社会；二是不断参与社会实践能够有效帮助学生养成坚韧不拔的毅力，同时还能促进学生树立良好的奉献主义价值观；三是有效的社会实践增加了学生接触人民群众的机会，不断地深入群众便能更加懂得如何为社会不断创造价值。

第三，培养正确的社会主义信仰离不开社会实践。大学生是未来的国之栋梁，毕业之后必然会参与到实际工作中，所以大学生承担的使命感更加艰巨。就需要对大学生灌输和渗透社会主义信念，社会信仰的形成不能仅依靠情感教育，还需要参与大量的社会实践，让学生在实践中体会到祖国的强大，让学生切身感受到祖国繁荣复兴的使命感，借以建立学生的社会主义信仰。

（2）进一步提高学生的素质和能力。不断参与社会实践可以帮助学生找到自身不足。结合目前教育现状而言，我国学生的升学之路大体相同，升学路径也基本一致，从小接触应试教育使学生缺乏一定的社会经验，更别说社会适应能力。只有参加社会实践才能让学生切实感受到自身社会经验的不足，而且能够更快地将所学知识应用到社会实践中来。相关数据表明，有效的社会实践能够帮助学生提高智力水平，并且能够帮助学生有效地将专业知识和生活常识充分结合，许多个性化的社会实践同时满足了不同学生的实践需求，对于学生的长久发展意义深远。

（3）驱动大学生的社会化。社会化是指个人与社会生活不断调适，使个人由"自然人"发展为"社会人"的过程。大学生正处于社会化的最后阶段，显然，在许多方面已趋向成熟，但为了适应社会生活，仍需进一步学习，首先要从社会实践学起。

第一，社会实践可以增强大学生的社会责任感。很多高校组织学生到基层开展社会实践活动，使同学们提高了对改革的复杂性、艰巨性的认识，增强了他们的社会责任感。在社会实践中，越来越多的大学生认识到，社会需要的是热情的、直接参加这项伟大建设工程的人。通过社会实践，许多大学生克服了原来自视清高的习气，自觉并充满激情地投入到学习、生活和工作中。

第二，社会实践可以推进大学生实现社会角色转变。社会实践活动能够帮助大学生找到自己和社会要求之间的差距，看到自身知识和素质上的缺陷，启发学生对自己进行重新认识和正确估价，促使学生重新确立自我价值实现的基点，在纷繁复杂的社会中找到个人和社会的最佳结合点。

第三，社会实践可以促使大学生与长辈们沟通代际关系。在社会实践中，大学生以普通劳动者的身份，直接参加社会财富的创造活动，培养了他们尊重劳动成果、尊重父辈们的思想感情。同学们在农村的调查中被父辈们几十年如一日，努力改善家乡面貌的精神所感动。同时，在这样的过程中，父辈们也看到青年大学生的长处。总而言之，在社会实践中，两代人之间可以相互沟通和相互理解，彼此消除对对方的偏见，进而有效地促进两代人之间的有机结合。

2.学生社会实践化的发展

（1）促进社会实践活动的社会化。所谓实践活动社会化是指要发动所有社会的优势和力量来组织和开展各项实践活动，并促进大学生顺利完成社会成员身份的转变，使其更好地服务于社会。

第一，活动组织者的社会化。以近些年大学生的社会实践现状来说，能够获得社会各界的认可和支持的实践活动基本上都能够顺利进行下去并取得成功。此外，社会实践活动有自身的特征，主要表现在较高的效率，较多的人数，较广的空间和较长的时间等，为了最大程度地体现社会实践活动的优势，社会各界的大力支持是必不可少的前提和条件。

第二，实践活动的社会化。大学生参与实践活动实质上是和外界产生交流和互动的方式。这一过程有利于培养学生的自身素质，使其成长为对社会有用的人才。因此整个过程中所采用的内容和形式也就是实践活动本体的社会化过程，其实施的前提必然是建立在社会条件基础之上。应该结合教学实践和其他方面的实践等方式来促进实践活动本体的社会化发展，并以教学实践为核心来展开教学实习和教学实验等。社会实践活动是为了配合和检验课堂教学而设置，是学生能力高低的直观反映，因此该方式得到了最为广泛的运用，同时也最具有群众基础，有利于促进学生进行其他高层次实习和实验。所以应该基于教学实验和教学实习的基础上来开展其他方面的实践，切忌本末倒置，忽视了教学实习和教学实验的作用。

第三，活动主体的社会化。实践活动主体社会化工作的目的是促进大学生的社会化进程，从而让大学生顺利地完成社会成员身份的转变，并不断提升自己的社会素质等，在实践中获得更多的社会信息和社会资讯，结合自身的不断调适，提高自身综合素质和综合能力，实现社会化发展。

（2）规范大学生社会实践制度。规范实践制度的意义非常重大，能够保证社会实践活动的开展有理有据，确保其长远发展。实践制度体系的建立需要保证其权威性，并需要考虑其全面系统性和可行性等需求。

第一，规范实践制度是社会实践活动发展的必然趋势。人的思想觉悟再高，也不能忽视规章制度的规范作用，若是没有系统规范的制度约束，仅仅依靠实践组织者来组织实践活动，就会在很大程度上受制于决策者的决策是否正确。所以，为了促进社会实践活动获得长远稳定的发展，就需要建立完善系统的制度规范。

第二，各级实践组织者必须制定出正确的实践制度。实践制度的规范化并非简单地叠加各种制度，而是需要在统一性、协调性的基础上予以发展和建立。各级实践组织者要做好制度的制定和规范工作，使其具有一定的延展性，以便和其他实践制度对接和调整。

第三，积极建立高校实践制度体系。只有各级实践组织者都能正确地制定实践制度，才能确保实践制度的规范化发展，如此才能为大学生的实践制度体系的建立提供权威指导，并确保可行性和系统性。实践制度的规范化程度受到各级实践组织者实践制度制定的规范性和系统性的影响。

（3）实现大学生实践组织科学化。大学生社会实践活动是一项系统工程，其实践制度的规范化、科学化和社会化程度将直接决定其效果。高等教育工作中包括大学生社会实践活动这一重要内容，随着社会的发展，大学生社会实践活动也面临着全新的挑战。因此确保实践组织的科学化发展，就要把握社会实践的基本规律。按照社会实践内在规律来开展实践活动，如此才能适应社会发展的需求。所以在组织实践活动的过程中要把握好科学化这一基本目标，并以此来指导实践活动的开展。

（4）高校大学生社会实践化的实施。

第一，社会实践的方式。

一是，参观型社会实践活动。该类型社会实践活动主要是通过让学生去风景名胜区、工厂等地参观和考察，参与实践学习，这一方式在一定程度上能够促进学生实践活动的落实，不过收效却甚微，只是加强了学生之间的交流和沟通，对祖国的大好河山有一定的了解，教育效果却不是非常理想。为此一般高校将此种方式作为一种奖励，以鼓励表现优秀的学生或者干部。

二是，活动型社会实践活动。活动型社会实践活动本质上加强了文化、科技和卫生的落实和实践，一般经由高校联系某个乡区，由高校组织学生为乡区人们提供文艺汇演，也可以在乡间开展文化宣传、医疗服务或者科技咨询等活动，形成非常热烈的实践活动氛围，不过这需要投入大量资金、人力和精力，且组织起来难度较大，能够参与的学生有限。虽然这一方式在高校学生社会实践中得到了较为普遍的应用，不过其缺点和不足也比较突出，还需要进一步予以完善和改进。

三是，生产型社会实践活动。生产型社会实践活动主要是针对高年级学生及研究生和博士生等，他们会实际参与到生产中。这一方式不但为学生学以致用创造了实践平台，也可以让学生真正掌握生产知识，这是无法从书本上获得的。而且该方式的资金投入量不大，效果也比较突出，既能为企业生产提供真正的帮助，也不会造成企业的其他损失，因此也比较容易被社会各界所接受。

四是，课题型社会实践活动。由教师予以引导和组织，吸引各个年级的学生积极加入进来，以课题小组的形式开展各种调查或者宣传活动，并围绕课题展开实践活动和理论探讨。该方式容易调动学生的积极性和实践热情，获得社会各界的大力支持，因此也具备较好的发展前景。

五是，互动型社会实践活动。互动型社会实践活动涵盖的实践主体比较广泛，不但大学生可以参与，城乡基层市民可以参与，连乡村农民也可以参与。而且有利于各个阶层的人展开交流和沟通，积累经验，促进各方能力的提升和素质的提升，而且对社会主义精神文明、物质文明以及政治文明的建立都具有重要作用。

六是，挂职型社会实践活动。由学校组织学生去到机关、社区或乡村来担任一定的职务助理，参与社会工作。各个机关、社区或者乡村对这一方式比较欢迎，不过目前此类实践活动还不是非常普遍。

七是，学生自发型社会实践活动。学生利用假期时间参与各种招聘活动、自荐方式等社会实践活动，既能让学生深刻地体会到各种社会生活，也可以发挥自身优势，为人民、为社会服务，此外还能通过自己的付出获得一定的报酬。这一方式适用大部分的学生，而且不需要学校大量的资金投入，应予以大力支持和发展。

第二，社会实践活动的落实。

一是，社会调查活动。社会调查活动不但要涉及城镇，更要深入到乡村，有利于学生全面地了解社会和国家基本国情，为以后自身的发展制定目标和方向。社会调查和考察，有利于学生了解社会实际情况，并把握社会发展规律和本质，有利于收集和分析社会信息，具有重要的意义。而且现在大学生的社会调查正向着效益化、实用化和专题化方向发展。

二是，科技服务活动。科技服务活动应该面向城镇、乡镇企业、小型企业等，让学生能够真正学以致用，发挥自己的所长，为社会、为人民服务，通过教师的指导，转化科研成果，提供科技咨询和技术服务等，将科学技术转换为生产力。

三是，文化服务活动。要真正将文化培训、科普讲座、法律宣传和咨询活动落实到城镇社区和贫困乡村，为乡村文明建设提供各种社会支持。

四是，公益劳动和文明共建活动。既包括校内的公益活动，也包括校外的社区服务活动，同时其他单位组织和开展的各种文明建设活动等也包括在内。

五是，互动活动。加强大学生党员和各个阶层党员的互动和联系等。

六是，信息服务活动。为被服务单位提供人才、科学技术和社会生活方面的资讯和信息等被称为信息服务，其有利于为被服务单位争取更大的经济效益、社会效益和人才效益等。大学生可以将自己所掌握的知识和技能予以实践运用，充分发挥信息资源的价值和作用。

七是，勤工助学活动。勤工助学不但为学生的成长提供了机会，也有利于国家的发展。例如，学生利用假期参与各种工作如打字员、秘书、酒店服务以及推销员等，既能为贫困生的生活给予一定的经济支持，也能鼓励学生积极地参与到社会实践中，积累工作经验和社会经验，加强学生的自立自强精神。

八是，教学实习活动。教学计划内就包括教学实习这一重要内容，因此需要在教学计划时间内完成，并且作为学生的学分，确保人才的规格和质量都达到预期目标，认识实习、生产实习和毕业实习都属于教学实习，而且是理工类、农医类专业学生必要的社会实践活动。其是结合教学活动和生产劳动的重要实践方法，在一定程度上促进了大学生的思政教育、职业道德教育、专业教学以及职业训练活动顺利进行。

3. 学生社会实践化的创新管理

（1）创新社会实践的理念。新的时代不仅对大学生有了新的要求，同时赋予了大学生社会实践新的任务，要适应时代，就必须实现大学生社会实践理念上的更新。

（2）创新社会实践的载体。

第一，大学生党员城乡基层接待室的建立。城乡基层大学生党员接待室既可成为大学生党员和入党积极分子了解社会的窗口，又可成为向工人、农民、市民宣传党的知识、党的政策以及国际国内政治、经济、社会形势的重要阵地，大学生还可在这个载体中与广大群众打成一片，为构建和谐社会贡献出自身的力量。

第二，大学生社会实践临时党支部的建立。通过建立大学生社会实践临时党支部，能增强党对社会实践的领导，并将党的意志、政策、主张贯穿于整个社会实践的全过程中，从而使整个大学生社会实践产生更大的政治文化效果和影响。

参考文献

[1] 蔡熙文. 高校学生管理与实践创新研究 [M]. 北京：北京工业大学出版社，2020.

[2] 董玲. 高校美育课程建设与艺术审美研究 [M]. 北京：国家行政学院出版社，2018.

[3] 段翼泽. 高校学生管理与思政教育工作的融合发展思考 [J]. 吉林工程技术师范学院学报，2018，34（11）：7-9.

[4] 樊艳丽，王卫红，康永征. 加强高校学生网络媒介素养教育 [J]. 中共山西省委党校学报，2011（1）：3.

[5] 付涵玉，周皓翔. 大思政视域下大学生管理改革探究 [J]. 中国报业，2020，（20）：118-119.

[6] 甘雪梅，宗宝璟，王佳旭. 高校大学生管理研究 [M]. 长春：吉林出版集团股份有限公司，2021.

[7] 何子婷，窦浩容. 新媒体视域下高校学生管理工作创新研究 [J]. 山西青年，2023，（13）：187.

[8] 洪玉管. 新媒体环境下大学生参与高校事务管理的现状与对策研究 [J]. 湖北大学学报（哲学社会科学版），2015，42（4）：143-147.

[9] 侯瑞刚. 新时代高校学生管理工作创新研究 [M]. 北京：中国水利水电出版社，2019.

[10] 贾辉. 依法治校背景下高校学生管理法治化 [J]. 思想理论教育（上半月综合版），2017，（1）：108-111.

[11] 孔丽苏，郭平. 大学生参与高校内部管理的依据与路径 [J]. 学术探索，2012，（11）：113-115.

[12] 雷鸣，周玫. 浅析新时期高校大学生教育管理时效性的提升 [J]. 教育与职业，2013，（33）：37-38.

[13] 李晶，刘文慧. 高校学生管理工作中的人文关怀路径探索 [J]. 中国成人教育，2019（14）：32-35.

[14] 李俊鹏，颜娟. 浅谈高校学生管理中的人性化管理 [J]. 教育与职业，2014（33）：

43–44.

[15] 李巍. 新常态背景下高校学生管理工作的创新机制研究 [J]. 湖北函授大学学报，2018，31（8）：44–45.

[16] 林毓铭，陈壮艳，鲁力. 当前高校学生管理工作的瓶颈与突破 [J]. 黑龙江高教研究，2015（4）：57–59.

[17] 刘德新，汪龙梅，金晓春. 高校学生管理工作有效性提升 [J]. 教育与职业，2015（16）：38–40.

[18] 刘通. 以"家文化"应对高校学生宿舍管理问题 [J]. 产业与科技论坛，2022，21（7）：275.

[19] 马铱蔓. 艺术院校辅导员如何在学生教育管理工作中渗透美育教育 [J]. 神州，2020（22）：119.

[20] 沈佳，许晓静. 基于多视角下的高校学生管理工作探究 [M]. 北京：现代出版社，2021.

[21] 施继华. 论高校学生管理 [J]. 现代商贸工业，2014，26（7）：105.

[22] 唐海波，丁艳红. 高校学生管理工作专业化的现状与策略 [J]. 现代教育管理，2018（11）：124–128.

[23] 王金祥. 高校学生管理工作研究 [M]. 沈阳：辽宁大学出版社，2012.

[24] 王曼. 高校大学生管理工作创新研究 [J]. 新西部，2020，（11）：117+146.

[25] 王新峰，盛馨. 信息化思维下的高校学生管理 [M]. 长春：吉林文史出版社，2016.

[26] 王秀琴. 学生管理激励机制的实践路径探究 [J]. 江西教育，2020（36）：15.

[27] 吴文静. 高校学生管理与模式创新研究 [M]. 北京：北京工业大学出版社，2022.

[28] 杨海，刘人瑞. 关于新常态下高校学生管理工作的几点思考 [J]. 学校党建与思想教育，2018，（24）：81–82.

[29] 杨道，林怡冰. 高校学生管理工作的行与思 [M]. 天津：天津科学技术出版社，2022.

[30] 张秀琳. 立德树人视角下的应用型高校学生管理工作优化 [J]. 中国成人教育，2020（24）：42–45.

[31] 左飞. 大数据视域下高校学生管理工作信息化路径 [J]. 中国统计，2017，（11）：14–16.